相模武士秘録

――頼朝旗揚げから後北条落日まで――

●歴史真発掘・三浦軍団、土肥、大庭、波多野、河村、松田、大森、早雲

小田　淳

目　次

頼朝敗北と勝利

⑴石橋山合戦とその地域

伊豆にいた源頼朝《よりとも》は、以仁王《もちひとおう》によって平氏打倒の挙兵に際して発行された令旨（皇太子・親王・王などが仰せ出された文書）を得て、治承四年（一一八〇）八月十七日三島神社の神事の日に、平家を討つ挙兵の旗揚げをした。

まず平家の伊豆国の目代《もくだい》山木（平）兼隆《かねたか》を攻めた。一説によると、文覚《もんがく》が後白河上皇の意志をひそかに頼朝に伝え、挙兵を促したともいわれている。いわゆる「山木合戦」が開始され、勝利を収めた頼朝は、勢いをかって同年八月二十三日相模国早川荘石橋山に、平家との合戦に備える陣を構えた。

目代山木兼隆は、桓武平氏の出で平高望を先祖にもち、平貞盛の次男維衡から六代目にあたる。北条時政は維衡の兄維将の末裔で、熊谷直実も同様の系譜にあり、北条早雲も桓武平氏で同族の維衡の末裔といった関係である。

その頃、地域周辺を支配していたのは、湯河原に本拠があった土肥実平《さねひら》の嫡子小早川遠《とお》平《ひら》である。実平は、足柄上郡中井町を中心に周辺一帯に勢力を張っていた豪族中村庄司《しょうじ》宗平《むねひら》の次男である。当時の石橋山地区は、早川牧或は早川荘(庄)と呼ばれた中に含まれていた。

平凡社発行『日本歴史地名大系・神奈川県の地名』の中にでている早川には、早川牧・早川荘(庄)とある。牧とは、牧場の牧のことで、馬牛を飼育するような状態の土地のことをいい、早川流域の山野に成立していたらしく、嘉保二年(一〇九五)一月十日『大江公仲処分目論(県央)』の十四か所の一つに、「早川牧在相模国」と記されている。遠江守大江公《きみ》資《なり》が藤原道長の子長家に寄進して、藤原家を本家と仰ぎ、自らは領家となったとある。

領家とは、中世・荘園領主の名称で、本家はその上の上級所有者のことである。

その後、本家の藤原道長の地位は、長家の娘婿藤原信長が引継ぎ、領家は公資の子大江広経《ひろつね》を経て、その子公仲が養子の有経(以実)に譲っている。

しかしそののちになって、公仲から改めて領家の地位を譲り受けたと主張する公仲の娘大江仲子と有経との間で、永久三年(一一一五)以前から互に論じ合いが生じている。この時には、「早川荘」と呼称が変化している。『大治五年(一一三〇)大江仲子解文(県央)』による。

荘とは、開墾して開発した所をいうのだが、約三十五年を経て牧であった土地を開墾して、田畠の支配や開発が進んで荘園化している。荘園は土地を主体とした大規模な私的所有地のことだが、早川荘の中の五か所の「蒔」と付く地名には、奥平蒔・平蒔・中平蒔・大平蒔・

前平蒔とに分布している。

蒔とは、種を散らして植える意味ととれるが、その頃に付けられた地名といわれ、木地挽地区の西方上流の早川の流れから引水した車川の水を、村内の用水として利用し、田畠の耕作をしていたと考えられている。

車川の名称は、綿実の油絞り用の水車があった川の意味ともいわれている。早川荘と呼称が変化したのは、この頃ではなかろうかということである。

『吾妻鏡』の文治四年（一一八八）六月四日の条（項目と同じ意味）にも、藤原基通家の領地と書いてあることからも、本家は摂関家（藤原家）に受け継がれていたようである。

しかし、事実上の支配は頼朝が行っていたものと考えられる。同書の治承四年（一一八〇）十月十八日には、頼朝が早川本荘（庄）を箱根権現に寄付しているとあることからみても、そう思えるのである。

※摂関は「摂政と関白」のこと。
「摂関政治」といって、清和天皇時代から後冷泉天皇時代まで二百十余年間続いた。

※荘園については、醍醐《だいご》天皇の頃の延喜二年（九〇二）三月初めて「荘園整理令」が下されている。

※郡設置については、文武《もんむ》天皇の頃の白鳳・奈良時代の大宝元年（七〇一）八月施行の「大宝律令」により、相模国として、三浦・鎌倉・高倉・大住・足柄上・足柄下・淘綾の七郡が設定された。

この頃相模国の国府は、大住郡にあったと『倭名類聚抄《わみょうるいじゅしょう》』源順著「承平年中（九三一〜三八）醍醐天皇の皇女勤子内親王の命により撰進」にでている。

※源頼朝が荘園に「守護《しゅご》・地頭《じとう》」を設置したのは、文治元年（一一八五）十一月といわれている。

また、頼朝が「公文所《くもんじょ》」を置いたのは、元亀元年（一一八四）十月で、別当大江広元を任じている。

広元は、嘉禄元年（一二二五）六月、七十八歳で死去している。

頼朝の妻政子も、同年七月に、六十九歳で死んでいる。

前にも述べてあるが、荘とは、平安中期頃（九四〇年頃）日本各地に荘園というものが起こって増大した。当時の中央貴族が地方を開発した一つであるが、当時の早川荘（庄）は、旧小田原市街・大窪・久野・二川・片浦・箱根（宮城野・仙石を除く）・真鶴・湯河原などを包含していた。

早川には、その荘園の行政庁のようなものが置かれていて、荘園の所有者から命を受けて荘園を管理していた「荘官」或は「荘司」と呼ばれる者がいたのだろうといわれている。

この頃、荘園において数名の地頭を支配していた惣領地頭は、土肥実平《どいさねひら》の嫡子遠平《とおひら》だったようで、早川荘の預所と地頭を兼任していたらしい。

『吾妻鏡』によると、遠平のことを土肥弥太郎・早川太郎或は小早川弥太郎などと記している。『曽我物語』抄本寺本でも同様な用い方をしているということは、はじめは湯河原町一帯の土肥郷を本領としていた土肥氏が、遠平の代に至って早川荘にまで勢力を進展し、むしろこの地を遠平の中心的な拠点としていた事実を示すものであろう。以後、実平の子遠平《とおひら》の養子景平、その子茂平の系譜は小早川氏を名乗り、源氏方として戦功があった遠平が、西国安芸国（広島県）に移り住んで、養子景平へと引継ぎ、小早川家として勢力を伸ばし栄えたのである。

また、『木宮大権現由来』の中にある惟喬《これたか》親王の記録によると、文徳天皇の第一皇子惟喬親王は側妾（妾）の子にて皇太子になれず、皇后の子末の弟惟仁親王が九歳の時、天安二年（八五八）皇太子に立てられたのを不満として、十九歳の惟喬親王は逆鱗して謀反を企てたが利が無く、終に流罪となり、同年都を出て伊豆国へ赴いた。

貞観二年（八六〇）六月末、妃は若君、姫君、及び官女、加藤、小倉など従臣たちを連れて都を出て、伊豆に至って河津の郷で所々で親王をさがしたが消息不明。山を越えて相模国へ行く途中で、七歳の若君が亡くなった。

一方、惟喬親王は伊豆へ赴く途中の海上の風浪が荒く、相模国唐土の浦に着いた後、暫くして陸路伊豆へ向かう途中、貞観十五年（八七三）逝去した。

妃一行は、親王の逝去をきいてこの地にとどまり、女官および従臣たちは木地を挽いて椀など作り、妃を扶養した。これが関東における木地挽のはじめの地として、木地を挽いて椀などを作った地名「木地挽」として現在も残っている地名となった。

このような経過と事情を、従臣の加藤が都へ行って清和天皇に報告したところ、清和天皇は勅使を早川に遣わし、惟喬親王の霊を転じて「木宮大権現」として勧請して早川荘を寄付し、加藤、小倉家がこれを支配していた。これが後の早川党の始祖である、と概略このような内容がある。

こうしたことから、早川は関東における木地師発祥地であるということが記録されている。

素戔嗚命《すさのおのみこと》の御子五十猛命《いたけるのみこと》を祀り、古くは「木宮大権現」と称された「紀伊神社」には、惟喬親王を祭神として合祀している。

治承四年（一一八〇）源頼朝が石橋山で平氏打倒の挙兵するや、加藤一族は早川党の長としてこれに加わり、戦功を挙げた。

また、村誌『相模国足柄下郡早川村』によると、この地には「摩々局宅蹟」として揚げ、その場所は詳《つまびらか》ならずとあるが、『東鑑』には、文治三年（一一八七）六月十三日の条に「故左馬頭源義朝の御乳母に会い、平治の乱において平氏に破れた源氏の義朝の悲劇について往時の出来事を談話し、涙を流した」

さらに建久三年（一一九三）二月五日の条には「故源義朝の乳母摩々局に、自ら相模国早川荘に芳酒をもって訪れ、年令九十二歳の局に会い、憐憫《あわれみ》を以て、いままでの功ゆえに所有地の課税を免除することを惣領地頭に申し付けている。そして、三町を所有地として新たに加えることを、土肥弥太郎遠平に申し付けている」

治承四年（一一八〇）八月二十三日、頼朝は妻政子の父北条時政やその子宗時・義時兄弟と周辺武士団ならびに大庭景親《かげちか》の兄大庭景義《かげよし》、土肥実平たちおよそ三百余騎の兵勢を引き連れて、平家討伐の挙に当たる陣を、早川荘の早川尻に構えようとしていた。

相手の平家方の兵力は、相模の住人大庭景親を総大将として梶原景時・熊谷直実・渋谷重国らの軍勢三千余騎の武士団である。

唯一の味方の勢力だった土肥実平の子小早川遠平が早川荘の惣領地頭として管轄している地であるという点も十分あってのことだったのだろうが、早川党の遠平の判断は次のようなことであった。

「ここは戦場には地の利が悪く、湯本の方より敵が山を越えて後を取り囲み、中に取り籠れば由々しき大事になる。更に一人も遁れるのは難しい」

地の利を知り尽くした遠平の進言を受け入れた頼朝は、早川尻より南の山の手に当る石橋山に移って、陣を構えたのである。『源平盛衰記』

頼朝は、政子を伊豆に残し、八月二十三日早朝相模国足柄下郡石橋山に陣を張った。兵勢三百余騎、旗には以仁王の令旨をかかげて挙兵の大義名分を表明した。平家方の頼朝討伐軍は兵力三千余騎といわれていたから、およそ十分の一の兵力だった。

夜に入って合戦ははじまった。激しい雨の中夜明け方まで続き、二十四日の未明には勝敗が決していた。

頼朝方は負けて逃げ、この合戦の最中三浦一族の岡崎義実の嫡子真奈田余一は戦死して、北条時政の嫡男宗時は、曽我十郎、五郎の祖父伊東祐親に討たれて死んだ。

曽我兄弟の父は河津祐通《すけみち》で、伊東祐親の子である。十郎は子供の頃一万、弟五郎は筥王《はこ》で、元服して兄は曽我十郎祐成と名乗ったが、いわゆる御家人の中には入っていない。弟筥王は武士になることは出来なかったので、僧侶になるということで、箱根権現に預けられた。しかし、僧になる考えはなかった筥王を、兄十郎が母の満江《まんこう》御前には内緒で北条時政の許へ連れて行って、時政に烏帽子親《えぼしおや》（元服の時烏帽子をかぶせ、烏帽子名を付けた人。元服親。烏帽子名は、中古、元服の時、幼名を改めて別につけた名。烏帽子親が自分の名の一字を与えたもの。元服名）を頼んで元服させてもらい、五郎時致《ときむね》と名を改めた。

そもそも「曽我兄弟の仇討」という美談になっているその要因には、工藤家と曽我兄弟の祖父に当る伊東家との同じ一族の中での争いごとがある。平安時代以後の頃、伊豆半島に工藤氏と名乗った豪族がいて、平将門と戦った藤原維幾《これちか》の子孫で木工寮に仕えたことから「工藤」を名乗るようになったらしい。伊豆国の在庁官人で狩野荘を預っていたことから狩野介とも名乗ったという。その中の一人祐隆が伊豆半島東岸へ進出して伊東を名乗っていたという。そして伊東一族の中で所領争が生じたが、祐隆の孫祐親と養子の祐継が対立。やがて祐継が死ぬ時に和解したのだが、祐継は幼い子供のことを祐親に頼んでいった。その幼児が成人して元服名を工藤祐経と名乗って、京へ出て武者所（皇后警固の役所）に出仕のほか、平重盛に仕えていた。その祐経に伊東祐親の娘が嫁いだ。祐経は京にいる間の所領管理を、祐親に頼んでおいたのだが、その所領を義父祐親が横領してしまった。そして争いになり祐親は娘を離婚させ、さらに祐経の領地を自分のものにしたのである。

その無念さに祐経は、狩猟に出た祐親と子の河津祐通を家来に討たせようとしたが、祐親は軽傷、息子の河津祐通は命落とす結果になったのである。

そして、河津祐通の遺子十郎と五郎が、父の仇として建久四年（一一九三）五月「富士の巻狩」に事よせて工藤祐経を討つことになるのである。

二人の母満江御前は、祐親のすすめで妻を失って曽我に住んでいた曽我祐信と再婚して兄弟が曽我氏となっていたのである。

曽我祐信は、伊豆で勢力があった工藤茂光の孫だが、満江とはいとこの関係にあったともいわれている。

頼朝が旗揚げした時、頼朝方に味方したのは、相模武士団の中では中村、土屋、土肥といった中村一族の系列と、北条氏、工藤祐経（在京していて挙兵には弟が参加）である。

一方平氏側には、波多野、河村、松田の波多野系列と、伊東、曽我氏などである。

要するに、工藤氏、伊東氏、河津氏、曽我氏は同族で、親戚関係の間柄で、北条時政は曽我五郎時致の烏帽子親であり、時政の嫡子宗時を石橋山合戦で討ち取った伊東祐親とは深い関係にあったということである。

頼朝勢は石橋山の後方の峰を通って西方にあたる箱根外輪山の一つ、聖岳（八三八ｍ）

の南山腹を進み、星ケ山（八一四ｍ）から幕山（六一五ｍ）の西側山麓を経て、吉浜の鍛冶屋川（新崎川）の上流渓谷に至った。その距離およそ十粁といわれ、そして、土肥の椙山《すぎやま》にまぎれ込んだのである。

先導する実平には勝手知った土肥氏の領内だが、追ってくる平家方と防戦しながら、頼朝は実平に導かれて椙山に逃げ込んだのである。どれ位の太さの杉の木だったのか定かではないが、とにかく杉の洞穴に頼朝はひそんでいた。

追ってきた平家方の大将大庭景親《かげちか》らは、あちこちと探し回った。その時景親に同行していたのは、梶原景時《かげとき》である。

景時は、大庭景親の従兄弟になるが、おそらく景時は、その洞穴の中に頼朝がひそんでいることを察知していたのではないかといわれている。

しかし、杉の洞穴に近寄った景時は、弓の先端を中へ差し込んで、「あるのは蜘蛛の巣だ」といって同行者を安心させて、別の峯へさがしに向かったということである。

『源平盛衰記』の一節の中には、その時のことを次のように書いている。

景時が太刀に手をかけて伏木の洞に入り、頼朝は景時と真向うに目を合わせた。今はこれまでと頼朝が自害しようとすると、景時は哀れと見てとって、「助け奉るべし。戦さに勝ち給いたらば、公、景時を忘れ給うな。もしまた敵の手にかかり給いたらば、草葉の蔭にて、景時が弓矢の冥加《みょうが》を守り給え」

申しも果てねば、蜘蛛の糸、さっと大洞にひきたりけり。

とある。

『吾妻鏡』には、

「時に梶原平三景時という者あり。たしかに御在所を知ると雖も、有情の思いを存し、この山に人跡なしと称して、景親の手をひいて傍峯にのぼる」

と記述している。

頼朝と行動を共にしているのは、大庭景親の兄大庭景義である。梶原景時とは景親同様従兄弟の関係にあった。

大庭景義・景親・俣野景久の三兄弟の父は、大庭景忠《かげただ》で、梶原景時の父、景長（景清）とは兄弟である。景忠・景長（景清）は鎌倉権五郎景正（景政）の子景経が父親といった、深い親籍関係にあった。

従って、大庭景親にしても、敗けて落ちのびようとしている兄景義を討とうといった考えはなかったに相違ないと思える。梶原景時にしてみれば、そういった同じ血を分けた間柄にある立場にある。それにまた、将来源氏の世がきた時の自分の身や一族の存続などをおもんばかった心境が、行為となって示されていたのではないのだろうか。

しばらく身をひそめていた大杉から、頼朝は一時脱出して箱根権現に身を寄せていた。しかし、ここにも敵方に内通する者がいることに気付いて危険を感じ、再び椙山へと戻り、広さ十畳ほどの「鵐《しとど》の岩屋」と呼ばれる所に身をひそめていた。その間の食糧はどうしていたのかというと、実平の妻女が運んでいたと伝えられている。

やがて、平家方の詮索の動きが遠のいた気配を察知した頼朝一行は、椙山を出て海岸へ向かって南下、真鶴半島へ出て岩ケ崎（真鶴町岩）より船を出して、安房国（千葉）の州ノ崎目指して渡ろうとしたのである。

房総半島の安房国には、関東武士団の雄族千葉氏がいる。千葉氏の先祖は、千葉介常将の頃の永承年中（一〇四六～五三）に、源頼義に属し、奥州へ同行、軍功があった記録が残っている。出身は桓武平氏の系譜に属するが、この時代頃から源氏へ好意的な行動をとっていたのであろう。しかも、頼朝が平氏討伐の挙に立つ二か月前には、千葉常胤の六男胤頼が、三浦一族の義澄と共に頼朝がいた伊豆を訪れている。頼朝に源氏再興を促し、平家打倒の挙兵を勧めたのではなかろうかといわれている。

⑵早川尻

頼朝主従の乗った船が、真鶴から沖合いに出たところ、にわかに風が起こって浪立ち、いずことも知れずに闇の中で渚に船が吹き付けられた。乗っていた人々は船にゆられて船酔いしてしまった。

頼朝は「ここは何処か」と問いただした。「見てみましょう」と土肥実平は舷に立って弓杖をついて見回すと、当初頼朝が挙兵の陣を構えようとしていた相模国早川尻であった。しかも目前には、大庭景親の軍勢が石橋山の椙山から引き上げる帰途に赴いて、三千余騎が汀に幕を張り、七箇所篝火をたいて勝利の酒盛りをしている敵陣近くに吹き寄せられていた。しかし幸いなことに、敵は知らずにいる。

どうしたものかと思い余った頼朝は、椙山で亡ぶべき者が大菩薩の加護によって遁れられた。しかしまた敵陣に臨んでしまった。終に大菩薩に見捨てられたのかと、一心に大菩薩の加護を祈った。

一方実平は、此処は家人でないものはない筈だ。頼朝に酒肴を進ぜようと船から飛び下りて走り廻り、「我君此の浦に着き給えり、実平に志ある者は酒肴を進ずべし」とよびかけると、瓶子《へいじ》（徳利）や桶に入れて酒肴を運んできた。

船の中は暗いといっても、敵方大庭勢の篝火の光で頼朝は酒を飲んだ。実に八幡大菩薩の御計いと覚えて、飢えを癒すことが出来た。

しばらく経つと、風が止んで波は静かになった。早速船を漕ぎ出し、安房国州ノ崎へと漕ぎ渡ったのである。

途中で久里浜から船で房総へ逃がれようとしていた三浦一族と、運よく巡り会った。その一行には、三浦氏をはじめ、和田義盛・義茂の兄弟も加わっていたことであろう。

頼朝一行の船に乗れなかった武士は、山中に行き暮れて迷っていたが、散々伍々逃がれて行った。その中に、頼朝の妻政子の弟北条義時もいた。覚悟を決めて石橋山中を動こうとしなかった義時は、一人の修験僧によって、「船に乗れなくても山がある」と諭され、助けられたという話は、『秦野の民話』の中に「石橋山の合戦後日談」として語り継がれている。

頼朝が当初平家方との合戦のために陣を構えようとした相模国早川尻（小田原市南町と早川）には、歴史に残る幾つかの出来事があった。

『太平記』（後醍醐天皇から後村上天皇に至る吉野時代の五十余年間の動乱の様子を描いた軍記物語の一つ）によると、南北朝の頃の「元弘の変」により元弘元年（一三三一）九月笠置山《かさぎやま》陥落、後醍醐天皇が捕らえられた時、南朝方後醍醐天皇の忠臣平宰相成輔も捕らえられて、河越入道圓重に守られて六波羅から関東の鎌倉へ移送の途上、元弘二年（一三三二）五月二十二日早川尻にて殺害されたことがある。早川尻から近い東北の方向に当る山角町荒久（小田原市南町）の潮音寺に葬られた墓所がある。（潮音寺は移転したため現在は近隣にある報身寺が保存している）墓石は高さ三尺自然石で、傘のようになった松の大木の根方にあった。現在その松の木はない。

同じく『太平記』には、足利尊氏と弟直義の間に不和が生じて、尊氏の子基氏《もとうじ》が父と叔父の争乱を避けようと媒介したが果せず、直義討伐を命じる綸旨《りんじ》（勅書）を受けた尊氏は、正平六年（観応二年）（一三五一）十一月関東の鎌倉を目指して京都を発った。十二月駿河・伊豆に次いで相模国早川尻に至って直義軍勢と合戦した尊氏は、直義の軍勢を破り、降伏した直義を伴って、翌年正月五日鎌倉に入った。そして屋敷に軟禁されていた直義は、二月二十六日急死している。一説には、直義は尊氏に毒殺されたとの記述もある。

また、直義は、護良親王が鎌倉に流罪となって尊氏の部下が護送してきた時、薬師堂谷《やくしどうがやつ》に土牢を造って親王を看視していた。その後建武二年（一三三五）七月、北条高時の遺児相模次郎時行が信濃で兵を挙げ、兵力を増して鎌倉に迫った時、防戦不能と判断した直義は鎌倉を去ることにした。その時護良親王の身柄を憂慮した直義は、部下の淵辺《ふちのべ》伊賀守に命じて親王を殺害させ、薮の中に親王の首を捨てて退却したという記述もある。護良親王二十七歳だった。

また、正平六年（一三五一）十二月に将軍足利尊氏方千葉介氏胤軍五百騎ばかりが、信濃国へと落ちて行く尊氏の弟直義入道方上杉民部大輔憲顕《のりあき》、長尾左衛門清景の兵勢二万余騎を追いかけて、早川尻で討ち取ろうと仕掛けたが、逆に落ちて行く大勢に取り囲まれ、一人も残らず討たれた。上杉、長尾勢は心安く、無事信濃国へと落ちのびることが出来たという。

さらに『鎌倉九代後記』には、永享十年（一四三八）九月「永享の乱」が起こり、時の将軍足利義教と関東管領足利持氏とが不仲になり、持氏誅伐のため義教の旗をたずさえた上杉中務大輔持房が東海道を出発した。一方持氏の命を受けた上杉陸奥守憲直が大将となって、二階堂一党、宍戸備前守、海老名上野介、安房国の軍士等、大森氏の加勢に出発した。同月二十七日には、相州早川尻にて合戦したが、持氏方憲直勢は利を失い、家人肥田勘解由左衛門、蒲田弥次郎、足立荻窪以下多数の将兵が討死している。

『村誌』には、早川尻を「刑場蹟」とも呼んでいたと書いてある。

相模の武士団が、源氏に好意を寄せ協力的だったのにはそれなりの経緯があった。

永承年間（一〇四六～五三）に、源頼義が相模守に任じられ、鎌倉に住むようになってからのことである。

その頃の鎮守府将軍は平貞盛の曾孫上総介平直方で、すでに鎌倉に住居していた。鎌倉に移ってきた頼義は、直方の娘を妻にして、義家が生まれた。従って義家もまた鎌倉に住んでいたが、父子共情深さと威光を具えていて、よく周辺の豪族を大切にしていた。こうした事蹟の積重ねによって相互に信頼関係が生じ、関東の豪族の多くは源氏を慕って従い、信望によって結ばれていたこともあって、源氏の味方をするようになったと考えられるのである。

頼義の孫の義朝も、先祖のそうした行動を受け継いで、平治（一一五九〜一一六〇）のはじめまでこれに当っていたが、「保元の乱」保元元年（一一五六）、「平治の乱」平治元年（一一五九）と続き、「保元の乱」には義朝は勝利したが、平治元年十二月に起きた「平治の乱」によって義朝は平清盛に破れたことにより、跡切れてしまったのである。

その後義朝は、永暦元年（一一六〇）一月三日尾張国（愛知県）知多郡野間内海で、長《おさ》田忠致《ただむね》によって謀殺された。義朝三十八歳。

長男悪源太義平は、東国へ帰り源氏再興を願ったが、義朝の死語京都に潜入して清盛暗殺を謀り、捕らえられて永暦元年（一一六〇）一月十九日京都六条河原で斬首された。義平二十歳であった。

次男朝長《ともなが》は、負けて逃げる途中負傷した傷がひどくなり、命長らえないと望み捨てて、父義朝の手によって生涯を終えている。

三男に当る久安三年（一一四七）生まれの頼朝は、父義朝に従って初陣したが、尾張国野間に向う途中で義朝一行とはぐれ、関ヶ原辺りにいたところを平頼盛の家臣平宗清によって捕えられた。この時頼朝十三歳であった。そして、同年京都で斬られる筈のところを、平頼盛の実母池禅尼《いけぜんに》の助命嘆願によって、一命を助けられた。池禅尼は清盛の義母に当り、父忠盛の後妻である。そして、伊豆国田方郡韮山近くの蛭が小島へ流人として送られた頼朝は、土地の豪族伊東祐親、北条時政の監視の中でおよそ二十年間すごした。その間に時政の娘政子を妻にしたのである。

義経は、大和国（奈良県）宇陀郡竜門の伯父の家にかくれていたが、母常磐が六波羅に自首し命を助けられて、将来出家する条件で永万元年（一一六五）鞍馬山へ入って遮那王と改名した。平治元年（一一五九）義朝の第九子として生まれ、この時義経七歳であった。

義朝の子たちは、母親をそれぞれに異にしている。

長男の源義平は悪源太とも称されたが、母は橋本の遊女だったと伝えられ、次男の朝長の母は、修理大夫範兼或は大膳大夫則宗の娘であったという。しかし他説によると、波多野一族の波多野義通《よしみち》の妹坊門姫ともいわれている。頼朝の母は、熱田大宮司藤原季範《すえのり》の娘で、兄弟の中ではもっとも家柄が高い位にあった。頼朝の弟希義も母は同じで、その弟範頼《のりより》の母は、遠江国池田宿の遊女といわれ、義経の母常盤は九条家の雑仕婦《ぞうしふ》といった状態である。

もっとも門地（家柄）が高い母の子頼朝は、源氏の嫡男としての扱いを受けても決しておかしくはなかった。しかも長兄義平、次兄朝長共に平治の乱で失ってすでにこの世の人ではない。頼朝が源氏再興のため惣領として平家打倒の先頭に立って、源氏の跡目を継ぐ立場にあったといえる。

伊豆に流人の歳月をすごすこと二十年、鎌倉に侍所を開設した時、頼朝は三十四歳になっていた。

(3)安房国からの再起

海路安房国へ逃れた頼朝一行は、上総下総の千葉県・茨城県の豪族で、当時関東地方最大の兵力だったという上総介広常《ひろつね》、千葉介常胤《つねたね》の一族に迎えられた。

上総介広常は、もとを糺せば千葉介常胤とは同族の桓武平氏の平高望《たかもち》を先祖にもつ関係にある。平広常とも呼び、保元・平治の乱には源義朝に味方していたが、義朝滅亡により平家に属していた。しかし治承三年（一一七九）国務をめぐって平清盛から勘当されていた。

翌年、源頼朝が反平家の挙に出ると、頼朝に味方し、一族二万騎といわれた兵力をもって頼朝の陣に参加、坂東武士団の要として勝敗を決する存在であった。

千葉介常胤も、もとを糺せば上総介広常や三浦氏とは同族の先祖の平高望をもつ桓武平氏の系譜にあるが、平安・鎌倉時代前期の武将で、下総権介《しもうさごんのすけ》常重の子として元永元年（一一一八）生まれである。保延元年（一一三五）二月に、父常重から相馬御厨《みくりや》（昔、皇室の領地。または神饌の料を貢進した神宮または神社の領地）を譲与されたが、国守《くにのかみ》藤原親通から同御厨の支配を否定されて以後、「保元の乱」（保元元年（一一五六））には義朝の郎等として出陣している。

千葉一族は、頼朝到着前に下総の目代（国司の代理、昔の地方官）を追討しなくてはならなかった。

『吾妻鏡』治承四年（一一八〇）九月十二日の条によると、千葉常胤の子六郎胤頼《たねより》と孫小太郎成胤《しげたね》が討伐に派遣されることになった。

これを察知した千田庄領家判官代千田親政《ちかまさ》（正）は、常胤を襲撃しようとしたが、合戦の末成胤が千田親政を捕虜にしてしまった。千葉一族を千田親政が襲った、いわゆる「千葉・千田合戦」である。

そして、九月十七日に頼朝が下総国府で千葉一族と対面した時の席上に、千田親政は囚人として引き出されている。

これには他説があって、説話的内容で興味深いものがある。

治承四年（一一八〇）九月四日、頼朝が五千の兵勢をもって上総から下総へ向かった。千葉介常胤と上総介広常の軍勢がこれを出迎えていた。その留守には、常胤の妻が亡くなったので、常胤の嫡孫十七歳の成胤が葬儀を取りしきって守っていた。その時の兵勢、わずか七騎であった。

その留守を狙って千田判官代親政が、千騎の軍勢をひきいて襲いかかった。成胤は攻めてくる多数の敵に立ち向かっていたが、次第に追い詰められていった。

その時不意に、僮《かぶろ》姿の童子（髪を短く切り揃えて垂らした姿）が現われ、敵が射かける矢を空中で受けて成胤勢には全く当らなかった。そこへ頼朝を迎えに行った上総介と千葉介の軍勢が到着した。

千田親政は退却して、千田庄次浦館（多古町）へと逃げて行った。この童子を、千葉の守護神「妙見大菩薩」という由来がある。『源平闘諍録』には、常胤が頼朝に妙見由来を話す場面があるということである。

そして、かつては平家として衣笠城を攻め陥した畠山重忠らも、頼朝の陣中に加わり、九月末に至っては約三万八千の兵勢となり、鎌倉に入った十月の頃には五万人の兵力に増大していたといわれている。

頼朝挙兵についての終末には、諸々の話がある。

大庭景親の、頼朝挙兵を知らせる急使が六波羅に到着したのは九月一日である。平家一門は馳せ集って景親の注進状を見た。その内容には、頼朝が伊豆国の目代山木判官襲撃後、石橋山合戦の敗北により八月二十四日の明け方に頼朝は落ちのびて行方不明になった。穴を掘って埋められたともいわれ、石を抱いて入水したともいい、巷の説はまちまちで首はないが滅亡したことだけは確かであろう、といった内容であったという。

それを読んだ平家一門は歓喜し、景親には勧賞の沙汰があったといわれている。

上総、下総から武蔵に入った頼朝は、当初平家方に味方した畠山、河越、江戸など畠山一族の武士たちを配下に収めて鎌倉に入り、本拠地と定めたのである。

一方頼朝の動向を知った平清盛は、平維盛を大将にして治承四年（一一八〇）十月二十二日、頼朝を討伐しようと駿河口富士川に軍勢を進めた。いわゆる「富士川の対陣」である。源氏と平家が対陣したが、十月二十四日の夜明け前、水鳥の羽音に驚いた平家方の兵はおびえて、戦わずに散り散りに退却してしまった。

それを見た頼朝は追討しようとした。しかし、千葉介常胤・上総介広常らの武将に、上洛の軍を進めることを止どまるように諫められた。

その後、常陸の佐竹氏を討伐し、上野《こうずけ》の新田氏に服属を促し、下野《しもつけ》の小山氏などの参加を得た頼朝は、治承四年（一一八〇）の年末には鎌倉を本拠とした地方政権を確立し、御家人統率機関の侍所を設置、和田義盛を別当として任じたのである。

文治五年（一一八九）十二月になると、後白河法王の特旨によって相模国と伊豆国を頼朝に賜り、頼朝は子孫に継承させた。

建久三年（一一九二）三月後白河法王が六十六歳で没した後、九条兼実が政治の実権を握るようになり、同年七月十二日頼朝は征夷大将軍に任じられた。同じ年、鎌倉に開いた武家の政府として、侍所・政所（公文所）・問注所などを置き、北条氏が執権となって鎌倉幕府が開設された。この時頼朝四十六歳になっていた。

征夷大将軍の官職は、元来は頼朝が奥州征討に赴くために必要であったが、一旦受けた官職を、何故か建久五年（一一九四）に征夷大将軍の辞任を申し出ている。しかし朝廷は、それを受理しなかった。

その後、頼朝は正治元年（一一九九）正月十一日に出家した。その直後の十三日に五十三歳で死去した。

他説によると、頼朝は、武蔵国秩父氏の一族だった稲毛重成が、亡妻頼朝の妻政子の妹の追福のため、相模川に架橋した橋の落成供養に出席した帰路、何らかの理由で落馬したのが死因ともいわれている。

さらには、橋供養からの帰途、八的《やまと》が原に差しかかると、頼朝が殺した義経や行家などが現われ、頼朝と目を合わせ、さらに稲村ケ崎に差しかかると、海上に童子の姿の安徳天皇が出てきた。頼朝が死へと追いやった亡霊たちが現われて、その怨霊たちの祟りから病気になったという。前の説の落馬は、脳出血によるものではなかっただろうかと推定している説もあるが、発作の前の幻覚ではなかったかと想像出来なくもないという説もある。

遺骸は、鎌倉幕府があった後方の丘陵の持仏堂（鎌倉市西御門二丁目）に納められている。

海辺の雄族

⑴湯河原の土肥一族

相模国湯河原の土肥（足柄下郡湯河原町・真鶴町）に本拠を持っていた土肥次郎実平は、三浦一族に劣らず頼朝の平家打倒の旗揚げを助けた主要人物である。もし土肥実平はじめその一族がいなかったら、その後の頼朝の勝利へと結び付くこともなく、鎌倉に幕府を設立した頼朝が建久三年（一一九二）七月征夷大将軍の地位に付けなかったといってもよい存在だった。

湯河原の土肥郷に土肥館があったのは、足柄下郡湯河原町城堀字御庭平《おにわだいら》（足柄下郡土肥堀ノ内村）と呼んでいる場所で、『新編相模風土記稿』によると、土肥一族の菩提寺万年山城願寺前の白田というこの付近に、鎌倉時代にはあったのではなかろうかといわれている。

城願寺は、土肥実平の開基ともいわれている。その後方に当る箱根外輪山の大観山から相模湾に向かって東下する辺りに、土肥城はあった。城は室町期から戦国期に築城されたものと伝えられ、城からは一望の海の東方角に房総半島、三浦半島、その手前延長線上東北方向には、大磯、二宮、国府津、小田原の海岸線から真鶴半島。南には伊豆半島、伊豆大島といった展望である。

城趾城山の尾根は東へ向かって下だる形状の山裾を、東から西へと狭い尾根筋に、五郭が見られ、西方を向くと、箱根の大観山へ向かってこれも狭い尾根状になっている、といった要害な地形にある。

実平は、ここを館の詰めの城、或は砦として考えていたのだろう。湯河原は、気候温暖な肥えている地、土肥郷と呼ばれていた頃から、地域住民は安定した穏やかな暮らしをしていたことだろうと、思える土地である。

土肥次郎実平は、神奈川県足柄上郡中井町辺りを本拠地として、桓武平氏村岡良文《よしふみ》の子孫中村庄司宗平《しょうじむねひら》の次男で、兄は中村太郎重平、弟は平塚市土屋に本拠を構えた土屋三郎宗遠がいる。さらに中井の東二宮には、二宮四郎友平が存在し、娘は伊勢原に居を構える三浦一族の岡崎義実の妻として嫁ぎ、その子が平塚真田に真田城を構える真田余一義忠といった、地域周辺の関係に結ばれていた。

実平には、小早川遠平と孫の惟平がいる。小早川遠平は、小早川弥太郎とも名乗って、相模国早川荘（庄）を領有していた。伊豆国韮山から相模国へ出てきた頼朝が、平家討伐の陣を構えようとした地点は、小早川遠平の管轄内の早川荘早川尻であった。前述したように、合戦に及んで早川尻は背後は海になる地形のため好ましくない場所にある。石橋山に変えた方がよいと進言したのは、地理的条件を知りつくした遠平の見解で、頼朝はその意見に従った。

攻め寄せる平家方軍勢は、大庭景親を大将として三千余騎。それに比べて頼朝方は三百余騎にすぎない兵勢である。この合戦中に、岡崎義実の長男真田余一義忠は討死した。

石橋山合戦で平家方に敗けた頼朝勢は、実平の案内で山続きに土肥の椙山へと逃げ込んで行った。

頼朝主従が通った経路は、前にも書いたが、石橋山後方の峰を越え、石橋山西側に当たる箱根外輪山聖岳の南山腹から南へ向かい、星ケ山を経て幕山の西麓を通り、吉浜の鍛冶屋川（新崎川）上流の深い渓谷に至った。

土地感がある実平たちに導かれた頼朝は、土肥の大杉と呼ばれる大杉の洞穴に身を潜めた。

しばらくの間大杉にいた頼朝たちは、それから箱根権現に身を寄せていたが、権現従業者の中には、敵方平氏へ心寄せる者がいることを知って身の危険を感じ、再び元の椙山へ戻り、現在の湯河原と箱根を結ぶ椿ラインを湯河原から登りつめた辺りにあった鵐の岩屋に潜んでいた。その間の主従の食物はどうしていたのかというと、土肥実平の妻たちが運び続けていたといわれている。土肥実平を含めた頼朝主従が箱根から戻って鵐の岩屋にいることを、実平の妻たちはどのような方法で知り得たのか、それとも実平関係者が土肥館の妻の許に知らせたものか、その行動の発端は定かになっていない。それとも付近の人脈から情報を入手したものかもしれないのである。

椙《すぎ》山の大杉の洞穴に頼朝がひそんでいた時、さがしにきた中に、大庭景親一行と行動を共にしていた梶原景時もいた。おそらくこの辺りに頼朝はいるのではないかと、景時は予測していたのかも知れないが、わざと進みでて洞穴の中に弓の先端を入れて「あるのは蜘蛛の巣ばかりだ」といって景親らに伝え、別の山へと向かって行った。

その時の景時の行為は、頼朝に対して好意を寄せていたのではなかろうか、意識的に見逃そうとしていたのだろう、といった見解をとっている説もある。それには無理もない事情があった。

景時の父景長は、大庭景義・景親の父景忠と兄弟の間柄にあり、頼朝方には、景時にとって従弟に当たる景親の兄景義がついている。縁者同志の殺し合いをさけて通りたい心情があっても不自然ではない。

大杉に潜む前、実平は頼朝に危機が迫っている予感を憂慮していた。そして、徐々に頼朝周辺に集ってきた味方の兵たちに対して、「ここで別れてくれ」と伝えたのである。多人数で行動していては、敵方の目から逃がれるには目立ちすぎる。発見されては全滅になると、実平は状況判断していたのだろう。再会を誓い合って散々伍々別れて立ち去るよう決断したのである。実平は、抜け道や裏道を知り尽くした自分の領内である。命を投げうっても頼朝を守ると、味方に伝えたことであろう。

頼朝はじめ味方の兵たちは、不安をぬぐい切れずにいたが、さらに実平から、後の会う時まで命を全うし、この恥を必ずそそごうと強くいい含めて頼朝と共に椙山に残り、身を潜めていたのである。

実平のその時の冷静な状況判断というか、決断力に優れた先見の明がある考察には、三浦義明が同族の杉本義茂《よしもち》の思いちがいから、畠山一族と戦う羽目になり、負けて城に残って討死する前に、子供たちに「命を無駄にせず命を永らえよ」と再起の祈りを込めていい含め、城から落ちのびさせた精神と共通した観点によく似た行動を示していたといえる。沈着冷静、勝れた当時の相模の武将に共通した不屈の精神力と先きを見越し得る百戦錬磨の体験によるものと思えるのである。

この行動によって頼朝は実平に命を救われ、再び挙兵して源氏の勝利へと導かれていったといえよう。

鵐の岩屋は、頼朝主従ごく少人数が雨露をしのぐには十分な、山肌からせり出した岩盤が屋根の役目となっている。辺りは静まり返ったふん囲気の場所である。実平の妻がどうして頼朝主従がそこに潜んでいることを知ったのか不明だが、実平の領地土肥郷からは箱根権現と頼朝ゆかりの伊豆山権現にも至近距離にあることから、寺社勢力の連絡網がひそかな動きで働いていたのではなかろうかといった見方をしているものもある。

しばらく経って、平家方の武士たちの探索の動きが遠ざかったことを見極めて、頼朝主従は椙山を出た。そこから南へ下だって真鶴半島へと向かった。その時平家方伊東祐親の軍勢が、土肥館に火を付けた。火の手が上がるのを見た実平は、「何度でも焼かば焼け」といって「焼亡《じょうもう》の舞」という舞いを舞ったといわれている。それが現在に至っても伝えられているという。

真鶴に出た実平は、予め配下に用意させておいた船に乗り込み、岩浦から安房国房総へ向けて船出した。

房総には頼朝に加勢した三浦氏とは同族に当る先祖を持つ、千葉氏がいる。頼朝一行は豪族千葉氏を頼って安房国房総に行き、再起を計ろうとしていたのである。

房総へ向かった頼朝主従の船は、前にも述べたが沖へ出た時俄かに起きた風と浪の大時化に遭った。一同船酔いになって船は波間をさ迷い、何処とも知れず浜辺へ押し流されてしまった。三浦勢が酒匂川の増水によって渡河出来ず、引き返した季節の天候の変動の多い時、風雨の強さに船は進めず、着いた場所は、頼朝が平家と合戦のため陣を構えようとしていた、相模国の早川尻であった。しかも、頼朝方に勝利したと思い込んだ大庭景親勢二、三千余騎が、椙山の帰りに汀に幕を張り、篝火をたいて勝利の酒盛りをしている最中だった。

そのことを実平から伝えられた頼朝は、椙山で亡ぶべき者が大菩薩の加護により椙山から逃がれることが出来たと思ったが、再び敵陣に臨んでしまった。大菩薩も見捨て給われたかと、一心にご加護を念じた。

しかし実平はこの辺りは土肥家の者ではない者はいない筈と、船から飛び下りて酒肴の食物を手に入れようと走り回り、「実平に志あらん者は酒肴を進ずべし」というと、瓶子や桶に酒肴を入れて我れも我れもと船に運んできた。

頼朝は敵方の大庭勢の篝火の明りで酒を飲んだ。実に八幡大菩薩の御計らいと覚えたりと、『源平盛衰記』では書いている。

飢えを癒して休んでいる間に風が止んだ。波は静かに治まって船を出し、安房国州崎へと漕ぎ渡ったのである。

船には限られた人数しか乗れなかったようで、船に乗れずに石橋山山中辺りをさ迷い行き暮れた武士もあった。

その中には、頼朝が伊豆国に流人でいた頃の監視役だった北条時政の子、北条義時がいた。義時の兄宗時は、石橋山合戦で戦死、姉は政子である。政子は頼朝が伊豆にいた時に頼朝と結婚していた。

『秦野の民話』の中に「石橋山の合戦後日談」として、次のような内容が載っている。

船に乗れなかった義時は、これで最後かと覚悟を決めて、石橋山山中から動こうとはしなかった。そこへ一人の修験僧が近付いて、「船に乗れなくても山がある。山は船より安全だ。生きる路が多く残されている」といって手を差しのべて、いやおうなしに手を引き、重い足を引きずって義時は歩きはじめた。その間いつ敵に襲われるかと辺りをうかがいながら、山から山、谷から谷を越えて、丹沢山を目指して歩き続けた。そして、波多野庄にたどりついた義時は、辛い思いをしながら、ひっそりと暮らしていた。

やがて、安房国に渡った頼朝は、途中で北条時政、三浦義澄らと出会い、上総介広常、千葉常胤《つねたね》らの協力を得て、上総、下総国から武蔵に入った。そして、畠山、河越、江戸氏など、多くの東国武士を配下に得ることに成功し、勢力を盛り返して鎌倉に入ったものである。

このことを知った義時は、波多野庄で僧と別れて頼朝の妻で姉の政子の許へと馳せ参じた。

その後幕府が設立された後、義時は石橋山で取り残されて死を覚悟していた時に僧が現れ、一命をとりとめたことの次第を政子に話した。

政子は非常に感動し、「その僧を呼びなさい」と義時に申し伝えた。

そして、姿を見せた僧に、政子は義時の命を救ってくれた礼を厚く述べた後、「義時は北条であるから汝は命の親、これからは南条と名乗るがよい、家紋は笹りんどうを使うがよい。これからも北条のために尽くしてくれ」

と伝えたのである。

その時、証しとして、南条家の僧に短刀一振と書状を贈ったということである。

後日談として、短刀・書状は明治初期まで秦野西地区堀山下の南条家に伝えられていたが、ある日横浜の歴史蒐集家が訪れて「ぜひ刀を見たい、書状を読みたい」と強く申し入れたうえ、「いくらでも支払うから譲ってくれ」といい出した。だが南条家は「これは先祖からの宝物、譲ることは出来ない」と断ったという。その晩のことだった。不審火によって南条家は焼け落ちてしまい、家宝の刀を探しても焼け跡からはそれらしい物は見当らなかったという。不思議といえば不可解な事態になった、と『秦野の民話』には書かれている。

実平の活躍はその後も続き、元暦《げんりゃく》元年一月木曽義仲追討に参戦。さらに同年二月には、源範頼、義経の軍に加わり、「一ノ谷」での平氏との合戦に出陣した。義経に従って作戦評定をし、平重衡を捕虜にした時の訊問と調書を鎌倉へ送付している。同月には、備前国（岡山県管轄）、備後国（広島県管轄）の守護として任じられ、播磨国（兵庫県管轄）、美作国（岡山県管轄）の守護となった梶原景時と共に、頼朝の信任が厚かった。

『吾妻鏡』に、文治元年（一一八五）三月の長門国（山口県南部）での「壇ノ浦の合戦」に加わっていた実平は、重い役目を負っていた記録がある。その頃の実平は、梶原景時と治安を司る当時の警察機関の実権を持っていた。軍奉行或は軍監といった地位に就いていた。

所領していたもともとの本拠相模国土肥郷はむろんのこと、ならびに早川荘と早川北岸の小早川荘（現小田原市板橋周辺）と呼んでいた地域も、新たに息子の遠平に与えられ、その頃の父子のことを早川次郎とか、小早川遠平などの呼称があったのは、それ故だろうといわれている説もある。

また、実平が備前・備中（岡山県）・備後（広島県）などの守護に就いていたことからか、備後に隣接している安芸国（広島県）沼田《ぬた》本荘・新荘を、土肥氏の所領として遠平は地頭職に任じられ、与えられている。後に実平の子孫遠平の養子だった景平が安芸の沼田に移り住んだことから、安芸国の小早川氏として小早川の系統が存続して繁栄していくのである。

実平の没年は明かではないが、建久二年（一一九一）の暮れであろうかといわれている。


遠平の子惟平は、先祖が生命財産をかけて頼朝の挙兵に際して加勢したこともあって、今日の頼朝があり、鎌倉幕府を開設出来た功労よりも、頼朝の妻政子側の北条一族に対する普段の処遇の良さに不満を持つようになっていった。

土肥実平、土屋宗遠などの中村宗平一族と同調した三浦一族や大庭景義などは、執権の地位を得た北条氏への批判的な思いが募っていった。

そして、思い余った三浦義明の孫に当る和田義盛が北条氏に戦さを仕掛けた。

その時岡崎義実の次男土屋義清や、その一族、土肥惟平達中村一族は和田義盛勢に加わった。

当初和田勢は戦況が有利に展開していた。しかし、和田義盛に味方すると約束がありながら、三浦義澄の息子義村が、途中で北条方へ寝返ってしまった。そのため勢い付いた北条方は有利になり、結果的には義盛方は負けて討死し、中村一族の殆どはこの戦さによって没落していった。

実平の子で惟平の父小早川遠平は、和田義盛方にも加わらなかったので存命していた。そして、かつて源氏の味方に加わり、戦功があった遠平は、頼朝から西国安芸国（広島県）沼《ぬ》田《た》本荘・新庄の地頭職を与えられ移り住んだ。遠平の養子景平へと子孫が継承された小早川家は、一族の中でもっとも繁栄したのである。

土肥一族の墓は、実平が創建したといわれている湯河原町城堀の城願寺《じょうがんじ》にある。

⑵三浦半島の三浦一族

源頼朝が平家を討とうと相模国石橋山合戦に臨んだ時、味方として加わったのは、佐々木一族、三浦一族、中村一族の土肥氏、中村氏、土屋氏、そして北条氏、それと工藤祐経《すけつね》とその弟といわれていた。しかし、その時祐経は京都にいて参加出来ず、弟の宇佐美祐茂が陣容に加わっている。

『吾妻鏡』によると、頼朝が平氏討伐の旗揚げを決起する二か月前の治承四年（一一八〇）六月に、京都の警固役「大番《おおばん》」という奉仕を終えて東国への帰途についた三浦義明の子三浦義澄は、下総の豪族千葉常胤の六男胤頼と、伊豆韮山にいた頼朝の許を訪れ、「旗揚げを促した」という。

それから二か月後の八月に頼朝は決起して、まず地元の平氏の目代山木兼隆を襲って勝利し、相模国石橋山で陣を構えた。

一説には、頼朝が挙兵に及んだのは、三浦半島の雄族三浦一族による平氏への東国でのクーデターであったのではなかったろうか、という見解をとっている。

たしかに指摘しているとおり、二か月前に千葉胤頼と三浦義澄が伊豆の頼朝に会いに立ち寄っているのは、義澄や胤頼の一存の判断による行動とは考えられない。一族の中での二人が置かれている立場からは、意見を述べて挙兵を促せる位置にはなかったと思える。族長の意向を伝えたにすぎないのではなかろうか。後白河法皇の平家討伐の意向を、文覚が頼朝に伝えたのではなかろうかともいわれているのにも、等しいものではなかったかと思うのである。

三浦、千葉氏にしても地域の代表的な一族である。もはや時代は平家の世を、ある意味では見限って、これからは源氏の時代にといった願望が潜在していたのでなかったかと思えるのである。

しかしながら、三浦氏は頼朝が伊豆を出て石橋山合戦の現場には居合わせていなかった。『三浦半島城郭史』(赤星直忠著)によると、馳せ参じようとした兵力およそ三百八十騎と推定している。むろん全勢力の一部だが、それにしても石橋山の頼朝方勢力三百余騎と推定されていたから、かなりの人数であったと考えられるし、主要戦力であったに違いない。といっている。

石橋山に馳せ参じようとして三浦を出発した三浦勢は、合憎の暴風雨に遭いながら相模国酒匂川岸まで到着した。しかし、折からの洪水で酒匂川は氾濫していて渡れない。やむなく引き戻らざるをえなかったのである。

その間に石橋山合戦が行われ、頼朝勢は平家方大庭景親らの軍勢に敗北してしまったのである。


この時代の三浦氏の本拠地は、三浦半島の相模国三浦荘衣笠（横須賀市）にあった。衣笠村にあった衣笠城は、天喜二年（一〇五四）から康平五年（一〇六二）の九年間にわたる、いわゆる「前九年の役」で、源頼義その子義家に従い、三浦為通は阿部頼時とその子貞任《さだとう》・宗任《むねとう》を征討に赴いた時功績があったことから、源頼義が三浦郷を為通に与えた。そして、為通によって康平年間（一〇五八〜六五）に築城したと伝えられている。

衣笠城は、三方を馬蹄形の連丘で囲まれ、谷全体を城郭とみなし、その中心部を谷のもっとも奥に置いた平安時代の理想的な城の形状をしていたといわれている。馬蹄形の連丘最深部にある支尾根を、天然要害にして館を構えて城と呼んだ。周囲の地形は、切り立った崖があり大谷戸川の流れが堀を形造っている。尾根の突端のゆるい傾斜地から城へと登る道があり、大谷戸川を渡った所を大手口と呼んでいた。

また、衣笠城は治承四年（一一八〇）石橋山合戦の後に「衣笠城合戦」に用いた谷の深部だけの平安時代の城郭の形状と、鎌倉時代に移ってから頼朝の鎌倉幕府重臣となった三浦氏が、執権北条氏との対立関係があり、合戦に備えて馬蹄形連丘の内外に防禦設備を具えた頃の衣笠城とは、区別して考えた方がよいとする見解もある。『三浦半島城郭史』（赤星直忠著）

三浦氏は、桓武平氏高望王《たかもち》の子孫で、村岡氏祖良文の孫に当る千葉氏祖忠常と同族の間柄にある。

三浦義明は、三浦氏祖為通から三代目で相模介義継の子である。寛治《かんじ》六年（一〇九二）生まれの義明の弟には、岡崎氏祖岡崎義実らがいる。子には杉本氏祖義宗、三浦義澄《よしずみ》、佐原義連らと、秩父（畠山）重能の妻になった娘がいる。その娘は畠山重忠の母である。

義明は世襲の大介《だいすけ》を号し、天治年間（一一二四〜一一二六）以来相模国の在庁官人として国務に参加している。

三浦義明は、石橋山で平家討伐のため頼朝が旗揚げすることを知るや、いち早く頼朝加勢のために義澄以下の軍勢をさし向けた。その時の軍勢は定かではないが、かなりの軍勢だっただろうといわれている。(当時の三浦氏の兵力はおよそ三百八十位と推定されている見方があるが、全勢力の出陣ではなかったであろうとの見解がある)

しかし運悪く暴風雨に遭遇した酒匂川は氾濫し、渡ることが出来なかった。いらいらしているうちに頼朝方敗戦の報せが入り、やむなく酒匂川東岸から三浦の城へ引き上げようとしていた。そして、城に戻る途中で平家方に味方した畠山一族の軍勢に遭遇した。

畠山重忠の母は三浦義澄の妹で、畠山と三浦はいわば姻戚関係にあったから、お互い顔を合わせても敢えて戦を交えようとする気はなかった。畠山重忠の方は、三浦勢が本拠へ戻るのを見極めて立ち去ろうとしていた。

その様子を三浦一族の杉本義宗の次男義茂が、杉本城で監視していて見ていた。そして、三浦義澄たちが畠山重忠に追われていると勘ちがいしてしまった。てっきり三浦一族の一大事と思い込んだ義茂は、兵勢を集めて丁度鎌倉由比ケ浜に差しかかった重忠軍に襲いかかった。『源平盛衰記』

義宗は三浦義明の長男で、杉本を名乗り、義澄の兄に当るが、義宗が早逝した後の杉本城を守っていたのは、義宗の次男義茂だったのである。義宗の長男は和田義盛で、八王子を本拠地としている横山党(横山義孝)の出の娘を妻にして、相模国三浦郡和田(三浦市)に住んでいた。義盛には、和田姓の他に桓武平氏の系譜にある故からか、平姓も用いていた。

横山党とは、小野篁《かむろ》の子孫で、武蔵七党の一族に属し、愛甲氏海老名氏などとは同族であった。

突然攻撃を受けた重忠勢は、多数のけが人を出して、重忠は怒り心頭に達した。合戦は由比ケ浜から小坪辺りにかけて行われ、双方多くの犠牲が出た。

重忠は、それだけでは治まらず、三浦一族が謀略を計ったと逆上、畠山一族の江戸太郎重長《しげなが》、河越太郎重頼らを呼び集めて三浦氏に攻撃を仕掛けた。

そのことを察知した三浦氏は、房総の千葉氏に援軍を頼み、衣笠城に立て籠った。この時三浦勢の最前線の大手の東木戸口は次郎義澄と佐原十郎義通が受け持ち、搦手の西木戸口は和田太郎義盛と千葉常胤の弟金田小太夫頼次らが防備に当った。

前にも触れたが、領主三浦義明の長男杉本義宗は、若い内に死去していたから、その後は実質的に大治二年（一一二七）生まれの次男幼名荒次郎の義澄が三浦氏の惣領としての立場に置かれていた。

畠山重忠の攻撃軍は、武蔵国の軍勢三千余騎。その内河越重頼、江戸重長らの軍勢二千余騎が大手の攻撃に当り、搦手は畠山重忠ら一千余騎が受け持ったという。

これに対して城を守る三浦勢は、千葉氏からの援軍七十騎を含めて総勢四百五十余騎であった。

主な戦闘が行われたのは、大手だけであったようだが、合戦に力尽き矢尽きた三浦方は城を捨てて落ちていったのである。八十九歳だった義明は、「老命を武衛《ぶえい》に投げうって子孫の勲功に募《つの》らんと欲す」『吾妻鏡』といって覚悟を決め、「死んではならぬ、何も死に急ぐことはないぞ」とわが子義澄たちにいい含めて一人城に残り、義澄たちを城から逃がして頼朝の許へ向かわせたのである。

頼朝が石橋山合戦で敗けて落ちのびてから間もない治承四年（一一八〇）八月二十七日義明八十九歳であった。源氏再興に尽力し三浦一族の繁栄を願った義明は、剛毅な気性ながら冷静沈着な人柄であったといわれ、慕われていた。他説によると、その時の義明は立居もすでに不自由な体になっていたということから、足手まといになるまいと城に残って死ぬ決心をつけたのではなかろうかともいう。そして一人、城で最期を遂げたのである。

暗闇にまぎれて、久里浜から船で安房国房総へ、千葉氏を頼って船出した義澄一行は途中の海上で運よく真鶴から船出して房総を目指していた頼朝主従の一行に巡り合い、合流することができたという。

城に残って討死した義明が、落城を覚悟していった最後の言葉には、「自分たちは存分に戦った。武士の面目も立っている。この上は城を棄てて命を長らえよ」といった意味を含んでいたのであろう。その時の義明の胸の中には、時代の趨勢など包括的に推察してみるに、平家はこれから衰退するであろう。そして、石橋山合戦で敗れたとはいえ、頼朝は最後には勝利すると確信して疑わなかったのではなかろうか、といった見方をしている説もある。行き伸びて頼朝と会ってから全力を尽せ、といった考え方があったのではなかろうかとも述べている。沈着冷静な雄将三浦義明の判断には、平家の衰運から察して、このように判断していたのではなかろうかということである。『相模のもののふたち』

前にも触れているが、頼朝以前の三浦氏は、源義家の父頼義が奥州征伐を命じられて出陣した時、義明の三代前の為通が頼義の軍勢に加わって出陣して戦功を挙げている。その時の功績によって頼義から三浦半島の地を賜り、衣笠城を築いて三浦の地を本拠地としたのである。

また、頼義の子義家が「後三年の役」に陸奥国へ出陣した時にも、為通の子為継が義家に従って戦陣に加わっている。さらに、源義朝の長男悪源太義平に加担し、畠山氏は義朝の弟に当る木曽義仲の父源義賢《よしかた》に味方した、源氏の同族争いの合戦にも加わっている。この時畠山氏が応援した源義賢は敗けて討たれ、幼児だった木曽義仲は乳母を頼って信濃国木曽へと逃がれて乳母の夫中原兼遠に育てられて成人している。

頼朝が勢力を回復して勝利した後は、関東一円の武将たちが頼朝に服属していった。こうした周辺の変化を察知した畠山重忠は、意を決して頼朝に降伏した。その頃の畠山氏は関東第一の実力者といわれていただけに、畠山氏が頼朝に加わった流れは、政治的効果が大きかったといわれている。

勝利した頼朝は、かつて源氏の先祖が善政を施し磐石の基礎を築いていた鎌倉を本拠として定めた。そして、まず最初に三浦義明の次男義澄を三浦介に任命し、国衙《こくが》（国司の役、国衙領の略）の役人に取り立てた。

問題は、三浦一族と畠山一族との関係だった。畠山一族は、互いの思い違いからとはいえ、三浦の衣笠城を攻め立てて、頭領義明を死に追いやり、一時的といえども三浦氏を討ち滅ぼしてしまった因縁がある。三浦義澄にとっては父義明を討たれた屈辱的思いが残っているに違いない。しかし頼朝は、なんとかして双方が仲直りしてもらわなくては、これからの諸施策遂行に当たって困る事態が生じると、思案した末、旗揚げ当初から頼朝方に対して並々ならない功績がある三浦一族を、まずなだめてからと判断して、畠山氏と三浦氏とが居合わせた目前で三浦氏をなだめながら、両氏の和解の話を持ち出した。

もともと三浦氏と畠山氏とは、万更他人の関係ではない。前にも触れているように、三浦義明の娘は次男義澄の妹で、畠山一族の秩父（畠山庄司）重能《しげよし》の妻になっている。重能の祖父は秩父権守重綱で、その三代前将常の兄弟は千葉一族の千葉忠常（千葉介）である。頼朝のよき協力者になってる安房国房総半島の千葉を本拠とした千葉常胤の先祖といった関係にある。

また、常胤の六男胤頼は、三浦義澄と共に京都での国役の帰途伊豆にいた頼朝を訪れ、源氏の旗揚げを促した仲である。三浦氏と畠山氏とは浅からぬ姻戚で結ばれていたから、お互いに頼朝の配下になったからには、何かのきっかけがあれば、いつか和睦したい気持の下地が双方にはあったのだろう。難なく和解が成立したのである。

父義明の命令で頼朝と行動を共にするため安房国へ向った義澄は幼名荒次郎、大治二年（一一二七）に義明の次男として生まれ、相模国三浦郡矢部郷（横須賀市大矢部）に居住していた。久里浜から船出して房総へ向かった途中で頼朝主従の船と出会い、無事に安房国(房総）に着いた。安房国においても、治承四年（一一八〇）九月に、安房国の長狭常伴《ながさつねとも》が、頼朝の居所を襲おうとした時、いち早く察知した義澄は常伴を攻めて敗走させるなど頼朝を助けていた。そして、頼朝に従って義澄は、上総、下総、武蔵を経て鎌倉へと行動を共にしていた。

同年十月には、「富士川の合戦」に出陣している。

富士川の合戦については諸説ある。治承四年（一一八〇）十月、平維盛が率いる源氏追討軍と、源頼朝率いる坂東勢甲斐源氏の連合軍の、富士川河口付近で対戦した様子だが、『平家物語』には、頼朝率いる十八万五千余騎の坂東勢が、十月二十二日の沼津の黄瀬川で陣を構えて、雑色先生《ぞうしきせんじょう》を使者として平家方へ挑戦状を送り届けたのだが、平家方は使者を斬り殺してしまった。

それを見ていた平家軍の兵士たちは士気喪失し、矢合わせを二十四日と決めていた日の夜明け前、一斉に飛び立った水鳥の羽音におびえた兵士たちは散り散りに逃げてしまった。要するに源氏と平氏は対陣したが、合戦は行われていないことになる。『吾妻鏡』には、頼朝勢二十万騎は十八日に足柄峠を越えて、その晩の内に黄瀬川に到着。兼て打ち合わせておいたとおりに、先行していた北条時政、甲斐源氏の軍勢と対面し、矢合わせを二十四日に定めた。しかし、『源平合戦事典』（吉川弘文館）「富士川の対戦」解説によると、当時の大軍の移動速度は一日三十粁以下で、相模国府から足柄峠を経て黄瀬川までは七十粁以上あるところから、頼朝勢が駿河に到着したのは、二十日に賀島（富士市）に到着したことになるだろう。といった見解がある。

「富士川の対陣」の帰途、義澄は頼朝から相模国府として所領を与えられ、三浦介の称号を許され、幕府宿老（年老いて物事について経験を積んだ老巧な人で、武家時代高官の臣。鎌倉時代の評定衆・引付衆のこと）の一人に加えられるなど、幕府の重要な役を受持つようになっていた。

元暦元年（一一八四）八月には、源範頼に従って平家追討に参戦。文治元年（寿永四年）（一一八五）三月二十四日、源義経軍が長門国壇ノ浦（山口県下関市）の戦いでは、平家追討の先鋒を勤め、平家一門滅亡への戦功を樹てている。

さらに文治五年（一一八九）の奥州征伐に当っても戦功を上げ、建久元年（一一九〇）の頼朝上洛に際しては、隋兵役を勤めるなど、数々の功績を上げた義澄を、頼朝は右兵衛尉《うひょうえのじょう》に推挙し、厚く処遇しようとしたが、義澄はこれを嫡子義村へ譲っている。

正治元年（一一九九）一月、頼朝が死去した後も宿老十三人の中にいて、幕府重臣として三浦一族の基盤を確固たるものにしたが、同年十二月、他の部将たちと共に、梶原景時を鎌倉から追放するといった、いわゆる「梶原景時の乱」に加わった。

翌二年（一二〇〇）正月二十三日義澄は死去した。享年七十四歳。墓所は三浦郡矢部郷の薬王寺（現横須賀市大矢部の清雲寺）にある。

⑶伊勢原の岡崎一族

岡崎は、かつては相模国大住郡《おおすみぐん》岡崎と称していた。領主は岡崎義実《よしざね》。天永三年（一一一二）に三浦一族の三浦義継《よしつぐ》の四男で、三浦大介義明の弟として生まれた。別名四郎・平四郎とも呼ばれ、現在では平塚市岡崎（入山瀬《いりやませ》・西海地《さいかいち》）と、伊勢原市大句（城山・城下）とにまたがる地区の岡崎を本拠地として住んでいた。

伝承によると、岡崎城の築城は、十五世紀後半或は平安末期ともいわれ、築城したのは岡崎義実といわれているが、遺構から観察すると、おそらく十五世紀末期に築城されたのではなかろうかといった説がある。城趾の標識は、本丸があった場所といわれている無量寺入口の左脇に建っている。

義実は何故に三浦一族の三浦半島からかけ離れた場所と思える地を選んで本拠を定めたのかというと、義実の妻は、二宮から北西へ入った中井町に本拠を持つ地域の豪族中村宗平の娘である。兄は土肥実平で、弟は平塚の土屋に居を構える土屋宗遠《むねとお》である。平塚の土屋とは地続きで、中村宗平の勢力範囲の東の端に位置する場所である。そして、義実の長男真田余一義忠の弟義清は、中村一族の土屋宗遠の養子として土屋を継ぐ立場にある。つまり土屋宗遠は姉の子を養子にしているといった深い関係にあった。
また、真田余一義忠の妻は、秦野を本拠とする豪族波多野一族の波多野五郎義景の娘である。といった具合に、周辺一帯姻族の関係で結ばれていたのである。

義実の父義継は、先祖に高望王をもつ桓武平氏の系譜にある。しかし義実は、頼朝が伊豆に流人の生活をして在居していた頃から、館に出入りしていたといわれ、治承四年(一一八〇)八月に頼朝が平家打倒の挙兵をし、まず平家一門の伊豆の目代山木兼隆攻撃に際して、土肥実平らと参戦して打ち破っている。

その勢をかって頼朝は祖先が育んでいた地鎌倉へ向かおうとしたが、相模国石橋山合戦で平家方大庭景親、梶原景時、伊東祐親らに敗れてしまった。

石橋山合戦の時、義実すでに六十九歳(他説に五十歳前後ともある)。源氏の義朝の長男義平が悪源太と呼ばれたように、義実もまた、暴れん坊だったところから、悪四郎とも名付けられて力が強く、剛健な気質であったといわれた。しかし一方では、温情厚く情深さを具えた武士だったようだ。平治の乱(一一五九)には源義朝に味方して出陣したが、義朝勢は平清盛勢に敗けて、結果的に義朝は死んでしまった。

義朝を慕っていた義実は、後日鎌倉の亀ケ谷にあった義朝の館趾に、菩提を弔う堂を建てたという温情ある一面をのぞかせるものがある。

相模国石橋山合戦では、三浦一族の惣領よりいち早く頼朝に加わり、坂東の平家方大庭景親らの軍勢と相対した。この時頼朝は、三浦一族と中村一族を頼りにしていたと思われるが、三浦の本隊は到着しなかった。この合戦で義実は長男真田余一義忠を失なっている。真田は、岡崎の南方角に位置し、義忠はそこを本拠にして開発し、領主となった場所である。

治承四年（一一八〇）八月二十三日早朝、頼朝は石橋山に陣を構えた。相手は平家方に味方する大庭景親、梶原景時といった関東武士である。

大庭氏は代々源氏に仕えてきた家柄だった。先祖に当る鎌倉権五郎景正は、十代の頃から源義家に従って出陣、応徳三年（一〇八六）平安期の奥羽の清原家衡・武衡が一族の貞衡を襲って発生し、寛治元年（一〇八七）まで続いた戦乱、いわゆる「後三年の役」にも活躍、陸奥守源義家が家衡を攻め込んで平定した時も、義家と同行奮闘するなど、義家の父頼義が相模守に任じられ鎌倉に居を構えた頃からのつき合いである。従って何事もなければ通常大庭氏は、景義・景親共に頼朝を応援する立場にあると思える。しかし景親には、かつて平家に囚われの身になった折、平家に命を助けられた恩義があった。

そうした事情を持っていた大庭氏は、兄景義は源氏に、弟二人景親と俣野景久は平家方へと別れた。景義は「源氏が勝利したら頼みにしろ、平家が勝った時には頼っていく」と兄弟で、行く末の大庭氏のことをおもんばかって、敵味方になって戦うことになったのである。そして、一時的に負けた頼朝は、再起して結局は勝利した。しかし大庭兄弟で打合わせていた互いの助け合いは、悲しくも実らず、捕虜になった景親は処刑されてしまった。

石橋山合戦の時、景親と共に平家方の味方に加勢した俣野景久は、合戦がはじまった八月二十三日の夕刻、折からの雨の中で義実の長男真田余一義忠と取っ組合いになった。その時義忠は景久を組み敷いて、刀を抜いて斬ろうとしたが前に一人斬った血糊で刀が刺せずにいた処に、景久方の長尾定景がきて、上になった義忠は首をあげられて戦死したということである。

義忠の死については、諸説あって、前に斬った血糊で刀が鞘から抜けなかった。そこへ大庭方の長尾定景がかけ付けてきて、義忠は討たれたといった説がある。

また、組打ちになって義忠が景久を組み敷いた時、加勢にきた義忠の兵に、義忠は喉に痰が詰まって発声出来ず、上にいることを伝えられずにいた。そうこうしているうちに、俣野景久の部下長尾定景に義忠は討たれてしまったという説もある。このことから、喉に関係した病いの、ぜんそく、せき、気管支炎などに悩む人にはご利益があると信じられ、治癒願いに佐奈田霊社として信仰されている由縁であるともいわれている。

喉の病いや咳の霊社としてご利益があると伝えられることから、鳶職など木遣《きや》り唄を歌う職人なども詣でている。

また、合戦に加わった時の義忠は、病後であったといった話もある。その時義忠は、二十五歳の若さであった。

長男義忠を失なった義実は大いに歎き悲しんだが、後になって頼朝は義忠の忠義に深く感謝の礼を込めて石橋山にある義忠の墳墓を訪れるなど、少しでも義実の悲しみを癒そうとしていた。そして、義忠の子実忠には目をかけたということである。『吾妻鏡』

現小田原市石橋山の古戦場跡には、「源頼朝挙兵之地石橋山古戦場」の石碑が建ち、義忠を祀った佐奈田神社がある。本堂左手に「与一塚」があり、郎党豊三家康を祀る堂も出来ている。近くにあるみかん畑には、「佐奈田与一義忠討死の地(ねじり畑)」の標柱が建ててある。

義忠を討った長尾定景は、頼朝が勝利して鎌倉に本拠を定めた後、出頭してきた。頼朝は身柄を義忠の父義実に預け、息子の仇討をするがよいと伝えたという。しかし義実は、定景は義忠を討った後、毎日欠かさずに供養の法華経を読経し続けていたことを聞いて感動し、恨みは消えた、といって頼朝にそうした事情を述べ「定景を許してやりたい」と伝えたのである。このことによって定景は助かり、子孫一門は以後義実の忠義の部下として仕えたということである。

建久五年（一一九四）岡崎義実は出家して家督を義忠の子、光太郎実忠に譲った。それから六年後の正治二年（一二〇〇）六月二十一日、岡崎城中で八十九歳の生涯を閉じた。墓所は、城跡といわれている無量寺裏手の畠の中を、左手の林に沿った里道を行った前方の樹林の中に石碑が立っている。

剛健な性格の中にも思いやりのある情感の豊かさを持った相模の武士の義実が死んだ時の年令と、さきにこの世を去った兄義明の死去した歳と、いみじくも共に八十九歳であった。

その後、頼朝が死去した後、三代将軍実朝の代に至って、建保元年（一二一三）に発生した鎌倉幕府に対しての謀叛事件「泉親衡《いずみちかひら》の乱」がきっかけとなって、北条義時一族と対決する事態へと発展した。信濃の武士泉親衡が、二代将軍政子の子源頼家の遺児の一人千寿をかつぎ、北条氏を排斥しようとしたことが発覚した。この事件に和田義盛の息子義直、義重、そして甥の胤長たちが関係していることが知れ、身柄を拘禁された。その他にも首謀者やその仲間を含めておよそ三百三十余人に逮捕状が出され、合戦になるのではなかろうかと鎌倉は緊張した空気の中にあった。

その時、所領の上総伊北庄にいた和田義盛は、一族を引き連れて駆け付け、実朝に息子たちの赦免を申し入れた。実朝は義盛の子二人については罪を許したが、甥の胤長は張本人として許して貰えなかった。胤長は奥州へ流されて、所有地の処分についていざこざが生じた。

こうした処分については、当時のしきたりとして通常幕府と義時との打合わせによって決まることになっていたが、この時の申し渡しは義時が行っている。それ以前にも、義盛が上総国の国司に付きたいと要望したのを、義時の意向によって拒否されたといった経過があって、義盛は義時に対して重なる怨念があった。それに加えて最近の北条氏は、頼朝の妻政子の親族として勢力拡大を計って、徐々にその傾向が強まっていた。そして今度のことといい、義盛は頼朝旗揚げの時以来、これまで源氏に対して生死をかけて貢献してきたものを、といった思い入れがあった。義盛はそうした仕打を容認出来ない限界におかれていた。そして、健保元年（一二一三）五月二日、意を決して北条義時打倒の挙に出たのである。

その時義盛に味方したのは、中村宗平の三男で土肥実平の弟土屋宗遠の養子になった、真田義忠の弟土屋義清とその一族はじめ、岡崎一族、中村一族、義盛の妻の親戚筋になる横山党も加わった。要するに、和田一族だけではなく、大庭、土屋、土肥、岡崎、梶原といった、北条氏の政治力影響を心良く思っていなかった武士団が義盛に味方したのである。

当初北条方は苦戦し防戦一方で、戦況は不利だった。しかし、三浦一族の中で和田義盛の従兄弟に当る三浦義澄の息子義村が、義盛方に味方すると約束していたにもかかわらず、開戦後あなどりがたい北条方の動向を見て、北条義時側に加担してしまった。義村が抜けた後、北条方は勢い付いて、結果は義盛は敗けて岡崎一族、中村一族は殆どが討死した。この時和田義盛六十七歳。建保元年（一二一三）五月三日のことである。

義盛を裏切って北条方へついた義村のことを、「三浦の犬は友を食う」と譬えられた。しかし見方を変えると、義村は三浦氏の存続をも計算に入れて立場を考慮していたのかもしれない。事実、北条方は勝って、三浦義村は三浦氏として生き残っているのである。そして、北条義時と三浦義村との間には武力の対決はなく互に忍耐強い判断力ですぎていった。

そして、義時の曾孫である時頼と、義村の子供の泰村、光村の時代になって互いに武力対決が生じた。いわゆる宝治元年（一二四七）六月の「宝治の乱」により泰村、光村方は敗けて、三浦氏の本拠一族は亡んでしまった。

一族の行動に加わらずに、生き残ったのは、三浦義明の七男佐原十郎義連である。

永享年間（一四二九〜四〇）の頃の岡崎城城主は、義連から十代目に当る三浦介時高（義国）だった。子がない時高は、三浦氏存続に不安を覚えていた。

室町期の関東は足利公方《くぼう》の支配下にあったが「永享の乱」以後は、足利鎌倉幕府が弱体化して、実権は上杉の管領家が握っていて、岡崎氏が亡んでしまった後の岡崎周辺地方一帯は、扇谷上杉氏が所領していたといわれている。

『鎌倉大草紙』によると、康正元年（一四五五）長尾景仲らが鎌倉公方足利成氏と武蔵分倍河原で合戦し、景仲は常陸国へ敗走した頃、上杉方の三浦介時高（義国）が岡崎城を乗っ取ったと書いている。

時高は後継ぎにと望んで、上杉修理亮高救《しゅりのすけたかひら》の子義同《よしあつ》を養子に迎えた。修理亮高救は、上杉持朝の子で上杉定正の兄に当る。

上杉家は、藤原鎌足の流れをくむ北家房前の後裔と伝えられ、高救の妻は小田原城城主大森氏頼の二代目実頼の娘で義同の母である。

氏頼は明応三年（一四九四）八月二十八日に没し、その頃は実頼が小田原城城主になっていた。

義同が時高の養子になって三浦介義同と名乗った後、晩年になった時高に嫡子が生まれた。時高夫婦は大いに喜び、義同を養子にして後を継がせようとしたのだが、やがて実子高教《たかのり》に家督を継がせたいと考えるようになっていった。そして次第に義同はうとんじられ、そのあげく、近習の者を使って時高は義同を殺害しようとするまでに至った。

しかし義同は、態度を変えず父時高に孝養を尽し続けていた。家老たちは時高の諸行の乱れに、時高を諫め、義同に対するいやがらせを改めさせようとしたが一向にきき入れようとしなかった。辛くなった義同は出家する決心で、母の実家の小田原の大森氏を頼って三浦から脱却したのである。

そして、相模国西部の小田原市久野の諏訪ノ原にある曹洞宗総世寺に移って髪をそり落とし、名を道寸と改めた。日頃から時高の義同に対する所業を、心良く思っていなかった近臣たちは、義同を慕って帰城することをすすめたが、戻る気がない義同のことを知った家臣たちは、義同の許へと次第に集まってきて総世寺に立てこもったのである。

総世寺は、大森頼明の三男、氏頼の叔父に当る安叟禅師が嘉吉元年（一四四一）に、相模国早川村にある海蔵寺と共に開山した、小田原城城主大森家の菩提寺である。

やがて義同は、三浦の家臣たちのためにも時高父子を討とうと思い立ち、機をうかがっていた。そして、小田原城城主大森式部大輔実頼に加勢を頼んで軍勢を整え、三百余騎を率いて明応三年（一四九四）九月二十三日夜半すぎ、新井城へと押し寄せた。

かつて三浦氏の本拠は衣笠城であったが、時高が三浦を制してからは、油壺（三浦氏三崎町小網代）の入口に新井城を築城して後は、この城を三浦氏の本拠地としていた。

義同や家臣たちもいたことがある新井城には、時高・高教父子がいる。城内の隅々まで知り尽している義同たちは苦もなく乱入し、鬨の声を上げてなだれ込んだ。

予想すらせずにいた城内では、突然の鬨の声に驚きあわてふためいた。その時、相模国梅沢（中郡二宮町山西）の住人中村民部が矢倉に登って、攻め寄せる軍勢を義同勢と判断し、「父に向かって弓を引くのは大逆の罪人」と叫びながら、矢を射かけて応戦した。

しかし多勢に無勢、義同の大軍に敗けて、時高方は一人残らず討死。時高はかなわず一族郎党と共に腹を切って果てたのである。明応三年（一四九四）九月であった。

義父三浦時高父子を破り、新井城を奪い取った義同道寸は、実子荒次郎義意《よしもと》を城主としてまかせて、自分は伊勢原の岡崎城へ入り、管領の意向に従って相模国中郡を統治していた。

法名道寸三浦介義同は、文武に通じた名将として近隣に比較する者はないほど秀でた武将であったという。さらに息子の荒次郎義意は、上総の守護代真里谷《まりやつ》三河守（武田信保）の婿にと望まれて婿入りし、両家が同盟を結んで三浦一族は栄えて、相模、武蔵の国の兵力は、強大な存在となっていた。

一方相模国小田原の大森氏は、初代城主氏頼が死んだ後を、その子実頼の代に移っていたが、氏頼、実頼父子ともに扇谷上杉方に味方して、諸戦の勲功によって小田原を与えられて城を構築し、繁栄していた。

小田原城築城については他説があり、伝承によると、小田原城は土肥氏が築いたのではないかといわれ、十四世紀の末、鎌倉公方足利持氏の時代ではないかという説もある。『日本城郭体系』

大森氏はその後も時ある毎に、伊豆、相模の軍勢を集めて扇谷上杉氏の味方として活躍していた。

同じ頃、伊豆国にいた伊勢新九郎（北条早雲）は、なんとかして箱根山中を手中にして小田原から大森氏を追い払い、小田原を手に入れたい算段をしていた。そして、鹿狩りと称して城下の板橋の町家を焼き払い、明応四年（一四九五）二月十六日大森式部少輔実頼、藤頼の居城を襲撃した。その時、上杉合戦の応援に派遣していて小田原城在城の兵は少なく、難なく早雲は小田原城を掌中にしてしまった。

大森藤頼は城内から辛うじて逃がれ、親戚筋になる平塚の真田城へ落ちのびた。しかし北条勢に攻められた真田城は、三年後の明応七年（一四九八）に支えきれずに落城。藤頼はこの地で自害し、大森氏は滅亡してしまった。

このことを知った相模国の領主上杉氏は怒って、北条を討とうと兵をさし向けようとした。それに対して早雲は策をねって、上杉との和解を成立させたのである。

伊勢原の岡崎城の三浦義同は、母の実家大森氏を滅ぼされたことで治まらず、なんとかして北条氏を鎮圧しようと計っていた。

一方小田原を手中にした早雲は、かねてから相模国を治めたい念願を抱いていて、それにはまず岡崎城を手に入れようと謀っていた。

永正九年（一五一二）八月十三日、早雲は伊豆、西相模の軍勢をもって、岡崎城を攻撃した。双方で激戦が続いたが、義同方は敗けて、義同（道寸）は本丸に入って自害しようとした。しかし、家臣から「ここは一時忍び落ちて再度兵を集めて無念を晴らしましょう」と諌められ、義同（道寸）は裏門から逗子市小坪にある住吉城へ落ちのびた。

早雲は執念深くそこへも追ってきて、住吉城を攻撃。勢い付いた早雲勢によって、住吉城も落城した。

義同は三浦の新井城へと逃げようとしたが、思い直して、再び兵を集めて合戦に及んだが、早雲勢に勝つことが出来ず敗走した。再び途中の「秋屋の大崩」という場所でもう一度陣を立て直して踏み止どまったが、大軍を率いた早雲勢には反撃出来ず、三浦の新井城へ入って立て籠った。

新井城は息子の荒次郎義意の居城である。三方海に囲まれて要害の地にある新井城は、いかに大軍を頼りの早雲にも攻め込むことが出来なかった。そして早雲は、三浦方への援軍に備え、鎌倉市玉縄に玉縄城を築くなどして、持久戦に持ち込んだ。

三浦方は援軍を頼りに城を保ち続けること三年、しかし一向に頼りにしている扇谷上杉氏などの援軍の姿が見えない。兵糧は次第に底をつき、兵の戦意も衰えてきていた。

その頃、扇谷上杉勢は江戸にいたが、三浦氏の危機を知り応援のために新井城へと、武蔵国の軍勢を引き連れて向かった。そして、相模国中郡に兵を集結して旗揚げをした。

それを知った早雲は、永正九年（一五一二）には中郡に押し寄せて、上杉勢を攻撃した。攻撃を受けた上杉勢は退却してしまい、新井城は全く孤立してしまった。兵糧は尽きて兵の戦意は銷沈、もはやこれまでかと覚悟を決めた義同、義意に、かつては大森氏のゆかりだった大森越前守など主だった武将は、上総国へ渡って、上総、下総、武蔵、上野などの軍勢を集めて上杉氏を盛り立て、再び勢いを付けて相模国に戻り、早雲を討つ手立てを講じては如何かと申し入れた。

しかし義同は、義父時高を夜討ちにした報いなのかと、義父が死んだ城での死を決意した。そして、永正十三年（一五一六）七月十一日朝、三浦勢は城門を開いて、切って出た。攻め立てた後、義同は腹を切って自決、大森越前守や他の部将たちも思い思いに自決して果てた。

その中で義同の嫡子荒次郎義意は、一人城に留まっていた。この時義意二十一歳、身の丈七尺五寸（二二七糎）、器量に勝れると共に手足の筋骨たくましく、鎧兜を身に付けて門外へと出てきた姿は、夜叉か羅刹《らせつ》の如くに見えたという。

大声を上げて早雲勢を追い詰めて暴れ回り、逃げ回る敵の兵を一丈二尺（三六四糎）の白樫を八角に削り筋金入りの棒で叩きのめし回った。死んだ敵の兵数五百に及んだとも言われた。そして、自ら首を掻き切って果てたという。義意の首は死ぬことなく、眼光不気味に光り続けていた。さすがの早雲は、貴僧、高僧に頼んで成仏することを計ったが、一向に利き目がなかった。

それからおよそ三年の歳月がすぎた頃、小田原の久野諏訪原にある総世寺の禅僧が訪れて、「うつつとも夢とも知らぬ一睡り浮世の隙《ひま》をあけぼのの空」と詠んで義意の霊を慰めたところ、忽ち眼を閉じて白骨化したという。

総世寺は、義意にとって父義同の母の実家小田原大森氏の菩提寺であり、父義同が、義父時高の非道な仕打ちから逃れ、出家して道寸と名乗って一時期留まっていたこともある、義意にとっては由緒深い寺である。

その後、その地に義意の怨霊が留まり、因果をおそれて放置したままになっているという。

義意の死にたいしては、別な説もある。新井城に留まって奮戦した後、自ら首を掻き切った処、その首が飛んで行った先が、早雲が城主の小田原城南西裏鬼門の方角に当たる箱根の入口板橋見付近くにある、板橋周辺の鎮守になっている居神神社境内の松の古木の梢にかかり、下を通る人々を睨み続けて二年の間目を見開いたまま落ちなかったという。そして、総世寺の第四世和尚によって義意の霊を慰めたところ、目を閉じて松の梢から首が落ちて成仏したという話もある。その時総世寺の和尚は「うつつとも夢とも知らぬ一眠り浮世のひまを曙の空」と詠んで合掌して手向けたという。そして、中空で義意の「長い間成仏できなかったが、貴僧のお力で今成仏が叶った。永く当所の守護神になろう」と声がきこえたということである。『相模国・武蔵風土記』

また、別な話では、早雲が義意の首を板橋口にさらした後、骨をこの地に埋葬したことから、霊を慰めるため祠を立てたのが、居神神社のはじめであるといった内容もある。

前にも書いたが、道寸入道義同の実母は、大森実頼の娘で、箱根別当とも親類筋になる。

三浦荒次郎義意まで、先祖の三浦大介義明の末っ子佐原十郎義連から十五代、およそ三百年の歳月を経た三浦一族は、北条早雲によって亡んだのである。

山辺の雄族

⑴秦野の波多野一族

秦野は、かつて大住郡波多野庄（荘）と称し、平安期から室町期にかけて、波多野氏が本拠として居住していた。その当時の波多野城は、鎌倉時代に波多野次郎義通によって築かれたといわれている。秦野市寺山で、『新編相模国風土記稿』によると、「丹沢山麓の東、蓑毛峠へ向かう山道の西側市立幼稚園前の田圃の向こう側にある台地」が、波多野城趾といわれ、台地の南端に波多野城趾の石碑が、大正七年（一九一八）に郷土の人々によって建てられている。

城の位置について『中郡勢誌』によると、城趾石碑がある地点より南西二百米位にある、前原、下原地区を城趾としているが、『秦野郷土のあゆみ』では「寺山字小附を波多野城趾とすることは近世末期にもみられ」といい『新編相模国風土記稿』もこの説をとっている。このように、城趾については、二説ある。

秦野と呼んでいる地は、古代の渡来人の中でも最も進歩的な技術者集団といわれていた

「秦氏」が開拓した地域ではないかといわれている。『広辞苑』によると、「秦氏とは、応神天皇の頃帰化人の子孫に与えられた姓である。はじめ仲哀天皇の時秦《しん》の始皇帝三世孝武王の裔という功満王が来朝し、次いで応仁天皇の時、その子弓月王《ゆづきのきみ》（融通王）が百二十余県の人を率いて帰化。仁徳天皇の時には、これらの帰化人を諸国に分置して養蚕、機織りの業に就かせ、弓月王の子普洞王に秦氏の姓を賜った」ということである。

波多野氏が直接秦氏の子孫という証拠は見当らないようだが、平将門を倒した俵藤太、後の藤原秀郷《ひでさと》の子孫という系譜にある。

古代、東海地方から東国へくる道は、箱根路ではなく、静岡県御殿場から足柄峠の北西に当る駿河国竹ノ下から足柄峠へ登り、矢倉岳の麓を通って坂本（南足柄市関本）へ出る。そこから狩川沿いに東へ下だり、酒匂川に沿って東国へ向かう道があった。また、これとは別に坂本（関本）を経て松田へと出て、現在の小田急線沿線を東方角へ辿れば、秦野はすぐそこにある。秦氏はおそらく後者の道を通って秦野へ入り、本拠地を求めてきたのではないだろうかと思えるのである。城趾がある寺山から北へ丹沢山の山裾へ向うと蓑毛で、大山詣の裏街道になる。山の信仰が高まった平安期は、大山は関東一の霊場として繁栄し、人々の往来は盛んであったことを考え合わせると、それもうなずける。近くには、比々多神社、日向薬師などもある。

秦野に本拠地を定めた波多野一族は、隣接する松田へ波多野義通の子松田義経（常）が居を構え、さらにその西方に当たる河村郷と称していた山北には義通の弟秀高が河村氏祖となり、酒匂川を挟んで対岸の足柄平野の一角の大友には弟経家が大友氏祖となって進出している。地続きの東方角小田原市曽我には、曽我氏が勢力を持ち、南下した隣接地中井には、中村一族の中村宗平。海岸に沿って土肥氏が小田原に近い湯河原に本拠を構えているといったように、豪族たちが神奈川南西部に境地を接している。

即ち、秦野を本拠地とした波多野氏本家は、遠義を父として波多野次郎義通が継いだ。その子義経（常）は、秦野の西南地松田を本拠として松田義経（常）として松田を中心とした周辺を勢力下に治め、平安時代末期には、松田城を足柄平野を一望出来る松田町庶子の松田山中腹に築城した。

そこから西方へ酒匂川を遡った上流山北の河村郷に進出したのは、波多野家惣領義通の弟秀高が河村秀高を名乗って、居を構えている。小田原市曽我に近い大友地区には、秀高の弟経家が、大友姓を名乗り、大友経家として本拠としている等、地続きすべて波多野一族が連けいして居を構えているのである。そして、経家の弟が波多野義景で、菖蒲実経、沼田家通と続いて、妹がいた。

惣領の義通は、保元元年（一一五六）七月に起こった「保元の乱」には、源義朝に従って活躍したこともあって、源義朝の信任は厚かった。

義通が源氏に味方したことには、諸々の事情があった。

永承年間（一〇四六〜五二）に源頼義が相模守として鎌倉に住むようになって以来その義家も鎌倉に住んでいたが父子とも領内の人々に対して情け深さと威光を備えていて、周辺の豪族を大切にしていた。義朝の代に移っても、義朝は先祖の諸業を受け継いでいた。こうした善政によって多くの東国豪族まで源氏に従い、信頼を寄せていたこともあって、義朝への協力を惜まなかったのである。

波多野氏には、もう一つ別な理由があった。義通の妹坊門姫が義朝の妾として殊のほか愛され、義朝の子朝長を産んでいることもあった。義朝の次男としての出生に関しては、別な見解もあって、波多野氏は朝長の乳母ではなかったのではないかという説もある。

『新編相模国風土記稿』によると、上郡松田町には、朝長の旧宅があった、と記していて、頼朝が挙兵に勝利した後、駿河へ出陣した途上、松田の亭に立ち寄って休息したことがあるという。

このことは、頼朝にとって兄に当る関係者として、多かれ少なかれ結び付いているとみてよいのではなかろうか。もし乳母の立場であったとしたら、その当時乳母と養い子との間柄は、実子をもしのぐとも譬えられていたことからも、義通は朝長の父義朝に家人同様に仕えていたとしても不自然ではないだろうと思えるのである。

義通は、保安二年（一一二一）二月二日、京都から波多野（秦野）へ移住したとも伝えられている説もあるが、平治元年（一一五九）の「平治の乱」にもいち早く義朝方に味方し、平清盛勢と戦った。義朝の血をひく朝長は、この合戦で負傷した。この時敗けた義朝が逃げる途中、朝長は傷がひどくなり、これ以上命長らえる望みを失い、父義朝の手によって生涯を終えていると『平治物語』には書かれている。

義朝は、長男義平らと戦場を脱出し、美濃国赤坂に逃がれて子供たちと別れ、尾張国知多郡に入って野間の内海庄司長田忠致《うつみしょうじおさだただむね》を頼ってから東国へ行こうとしていたが、永暦《えいりゃく》元年（一一六〇）正月三日、忠致に謀殺されてしまった。義朝三十八歳であった。

長男義平は、東国へ帰って源氏再興を企てていたが、義朝が死んだ後は単独行動をとって京都に潜入、機を見計らって清盛暗殺を図ったが捕らえられて果せず、永暦元年（一一六〇）正月十九日京都六条河原で斬首されてしまった。義平二十歳だった。三男頼朝は、この時十三歳、平家に捕われの身となったが池禅尼によって命を助けられ、伊豆国蛭ケ小島へ流された。

義朝、朝長が死んで、義通は将来の望みを失ったといってもよい状態に陥ってしまった。それ以来平氏の世になった中で、波多野氏は源氏との関係は途切れてしまったのである。幸い敵方だった平家からは、本領の没収から救われた。敵対したにもかかわらず、本領を安泰に保ってくれた平家への恩義も、義通には心情として忘れることは出来なかったのである。それ故に、治承四年（一一八〇）七月、源頼朝から平家討伐のための挙兵に協力を求める使者として、頼朝腹心の安達藤九郎盛長を波多野一族へ派遣したにもかかわらず、要請に応じようとはしなかった。

その頃の波多野氏は、義通の子義経（常）の代に移っていた。頼朝の協力要請に応じなかったのは、波多野氏だけではなかった。河村氏、松田氏といった波多野系一族と、伊東氏、曽我氏、渋谷氏、横山氏などであった。

義経（常）は、いまは平家の時代と思い込んで、平家の盛況を信じて疑わず、頼朝の意向には耳を貸そうとしなかったのである。その判断する内面的な心境の中には、近接地の豪族、中井の中村一族、土肥氏、海の武士団三浦一族、房総の千葉氏らが、頼朝に味方していることを知って、内心心良く思っていなかったこともあったようだ。いまさら頼朝に何が出来るだろうかといった、見くびった思いもあったのであろう。

しかし波多野氏は、三浦一族とは縁者として深い間柄にある。前述したように、三浦一族の岡崎義実の嫡子真田余一義忠の妻は、波多野義通の弟波多野義景の娘である。にもかかわらず、平家に味方する大庭景親から、打倒頼朝の誘いには、直ちに応じている。

結局平家は敗けて、南関東制圧のため相模国に入った頼朝勢の下河辺行平《しもこうべゆきひら》らが討手となって追い、義経（常）は自領の松田郷で自殺して果てた。義経（常）の子有経（常）は、母方の叔父大庭景義の手許にいたため命だけは助かった。そして頼朝から、挙兵に多大な貢献をした大庭景義に、恩賞として義経（常）の遺領のうち松田郷が与えられたのである。景義が松田郷を治めるようになったのには、波多野氏と大庭氏とが姻族であったことを頼朝は承知していて、口にはださなかったが、意識的に頼朝は景義に与えたのではなかろうかとも考えられるのである。

波多野一族の中で、平家に味方せず頼朝に敵対しなかったという義経（常）の叔父で義通の弟波多野五郎義景は、義通の所領だった波多野本庄北方を継承し、幕府の御家人となった。

かつては松田有経（常）の父義経（常）が所領していた松田郷は、大庭景義の所有することになって、有経（常）は居場所を失ない、ひっそりと暮らす以外に生きている方策はなかった。

しかし、文治四年（一一八八）四月になって報われる時がきた。。鶴岡八幡宮において行われた流鏑馬で、勝れた技を発揮したのを契機に、有経（常）はその功績が認められ、頼朝から父義経（常）がかつて所領していた一部を与えられた。そして、御家人として身分を回復出来たのである。

波多野一族の中の松田氏は、南北朝の頃には備中、備前（岡山県）の国松田として存在していたことがあるといった見方がある。『河村城趾（山北町城遺跡調査会・山北町教育委員会）』

その頃から伊勢新九郎長氏（早雲）も備中にいて、松田氏とは早くから親交があって、早雲が東国下だりの際には行動を共にしているとの見方をしている。早雲が大森氏を追い払って小田原へ入るや、いち早くかけ付けている。そして早雲は松田氏を北条家の重臣として、宿老に付けていることからも、そう思えるのである。

また、、明応四年（一四九五）北条早雲に乗っ取られた小田原城主大森氏についても、備前一宮にある「吉備津彦神社の社家大守家伝来の古文書」の中には、中世には大森氏を名乗っていたが、もとは大守《おおもり》氏と同じで『備前国一品吉備津大明神神主略系』の中に、「惟佐（大森越前守、神崎八郎、喜吉比）、弟彦七。弟男十郎（税所家に入）、弟民部左衛門（小田原へ奉公す）」とあるなどの名が掲げられている点からも、松田、北条、大森氏は万更知らない間柄ではなく、何らかの交流があったのではないかと思えるのである。

その後、正治元年（一一九九）正月頼朝が死に、頼家から実朝の代へと移ったが、承久元年（一二一九）正月二十七日実朝は、鶴岡八幡宮参詣の帰途、頼家の遺子公暁によって八幡宮境内で暗殺された。

その後の『岡山市史』の松田家略系にある松田左近将監元連は、弘安四年（一二八一）六月、蒙古襲来に際して兵を率いて九州に向かい、同八年（一二八五）の「霜月騒動」にも松田元連父子は、北条貞時方に加わり、長男元知、三男元位が戦死している。

元弘三年（一三三三）五月には北条高時は、新田義貞の挙兵によって鎌倉が攻められて、三十一歳で自殺した。これによって鎌倉幕府は終止符をうった。

同年八月には、河村、三浦、土肥、土屋氏らと共に新田義貞の陣地に馳せ参じている。南北朝時代に移っても、松田氏は河村氏と共に新田義貞に味方して活躍した。

そして、明応四年（一四九六）二月、伊勢新九郎（北条早雲）が、時の小田原城主大森氏を攻めた時には早々に北条早雲の許へ馳せ参じて以来、北条家に仕えて重臣となり、松田尾張守憲秀として活躍した。

しかし天正十八年（一五九〇）七月、豊臣秀吉の小田原攻めの折に、松田憲秀は長男笠原新六郎と共に謀叛を企てたが失敗した。父を諌めた二男松田左馬助秀治と父尾張守憲秀らは、北条氏直によって殺された。松田氏の謀叛については、豊臣秀吉が勝利すると見込んだ憲秀は、北条氏が滅んだ後の松田氏存続の将来をおもんばかっての行動だったのであろう。

天正十八年（一五九〇）七月十一日、小田原城は和解によって落城し、北条一族は亡んだのである。

⑵山北の河村一族

波多野義通の弟秀高が、相模国足柄郡河村郷山北町の河村を姓として居住したことから、河村氏が開祖したといわれている。

河村城は、南北朝時代に築城されたであろうと伝えられ、またの呼び名を戸張城、猫山城ともいわれた。猫山とは「根小屋山」の転訛で、中世土地の豪族に従った人たちが山城下に住んで農耕を営んでいたのを根小屋、寝小屋などと呼んでいたところからきた呼び名だろう、といった説がある。丹沢山塊の西丹沢南域に位置し、足柄平野の西北部に当る、現在の

ＪＲ山北駅南側にある山塊の西区域の小峰一帯を城山と呼び、河村城があった場所である。城山南面裾には、酒匂川が西から南方向へと湾曲した流形を形成している。さらに城山の北側には、皆瀬川が西から東へと現在のＪＲ山北駅辺りを流れて、城山の東方向に当る丸山の北東山裾で尺里川、瀧沢川と合流して、丸山東南隅下本村の現在の山北高校近くで酒匂川へと流れ込んでいた。現在の皆瀬川は人遠から南下して萩原、平山近くで酒匂川と合流しているが、これは宝永四年（一七〇七）湯山弥右衛門という人が、開鑿《かいさく》（削）工事によったものである。それまでは、城山の南北両側に川があって、要害な地形であった。別名川入川とも呼ばれていた。そして、河村とは、山峡を流れる「川がいくつも流れている村」だったことから河村と称されていたのだろうとも伝えられている。

紋章学（紋章の意義・由来・伝統から祖先を明らかにする学問）の沼田頼輔氏は、「城山の南は酒匂川、北に皆瀬川をめぐらし」と表現している。河村城があった場所の説明をしている。ちなみに城跡にある「河村城趾碑」の碑文は同氏の文であり、南北朝時代「勤皇軍」として新田氏を救けた時の河村氏の功績を述べている。建立は昭和四年である。本城郭の跡地と北側の茶臼郭の間の堀切の東側下方には、「お姫井戸跡」がある。「お姫井戸」は、落城した時に、城主の姫が身を投じたといわれる悲しい話が伝えられている。

河村氏の菩提寺般若院は、以前には城山東どなりの浅間山近くの湯坂にあったといわれているが、現在は丸山南側山麓の越地近くにある。

城の位置について、昭和初期、河村古城説が現在の河村城の北西約二、五粁にある鍛冶屋敷、古宿、市間、深沢、都夫良野などの集落が山間に点在する辺りに、南北朝時代の城塞があったなどといわれて論議をかもした。しかしながら、険しい山間の山と谷が幾重にも形成されていて、楠正成が立て籠った千早城にも似た要害の地形をしている状態で、小勢による野戦の展開には格好の場所といえるが、そこに城郭として独立した河村古城を想定出来る遺構などは発見されていない。『日本城郭体系6千葉・神奈川』といった見解がある。

そうした見地から総合的に勘案してみるに、前述した場所には南北朝時代の城塞河村古城があったとは考えられない。

河村城の城内には、道という道はなかった。峯を道として使用していた。特に本城郭の西南に位置する場所の尾根には、「神縄梯子」を設けていた。またの呼び名を「梯子郭」「階段郭」「隠し郭」或は「おとり郭」とも称したものが設けてあり、非常事態が生じて城から酒匂川上流近くへ落ちのびる道とも理解されている特色を有していた。

また、城山の河村城跡については、平成元年（一九八九）五月末から三ケ年計画で「河村城遺跡調査のための範囲と開発保護調査」を、山北町教育委員会などで実施した結果について『河村城跡』（河村城跡遺跡詳細分布調査報告書）」としてまとめられ、城跡、城郭、時代背景、地形地質、城跡遺構といった内容が詳かになった。

当時の河村氏は、近在の松田、柳川、菖蒲、大槻、大友、栢山、曽我、沼田各氏と共に雄大な勢力を持っていた。近辺に拠点を構えた各氏は、秦野の波多野遠義の長男義通を惣領家として波多野一族といわれ、土地開発利用のために各地に分散して、その地を直接管理に当ったと伝えられている。

治承四年、源頼朝が石橋山合戦に臨んだ当時の河村氏は、秀高の跡を継いだ義秀の代になっていた。義秀は本家の波多野氏同様平家方大庭景親に加担し、頼朝打倒のため敵対した。しかし、平家方は石橋山合戦で勝利したが、再起した頼朝によって平家方は敗けて、大庭景親らと共に捕われの身となり、河村氏の所領は没収されてしまった。そして、義秀の身柄は大庭景親らと共に、頼朝方武将景親の兄大庭景義の許に預けられたのである。

前にも述べたが、大庭景義、景親兄弟は、平安中期に奥州の清原家衡、武衡が同族の真衡を襲った争い、いわゆる「後三年の役」には、源義家の旗下に加わって、家衡を金沢柵に攻撃して平定した鎌倉権五郎景正の子孫、大庭景忠の子である。さらに「保元の乱」に源義朝が後白河天皇側に味方した時も、義朝勢に加わって勝利した。続く四年後の平治元年

（一一五九）十二月に起きた「平治の乱」では同じく義朝勢として出陣したが義朝方は平清盛に負けた。それ以来、平家全盛の時代へ変っていった。兄景義の立場は具合が悪くなり、弟景親が全面へ出て平家との親交を深めていったのである。しかし元来は源氏方であって当然の家柄ながら、景親には命を助けてくれた平家への恩義があった。景親は平家への義理立てもあって平家方に加わり、兄景義は源頼朝方にと分かれて戦うことになったのである。兄弟で相対立する立場になったのには、いずれが負けても一方の勝った方が残れば大庭家は残るといった公算と共に、互いに頼りになるといった思惑もあったというのである。三男俣野景久も景親と行動を共にした。

平家方に味方し、頼朝討伐軍の大将だった景親は、頼朝勢に追われて河村へと逃げ込んだが捕えられて兄景義に身柄を預けられた。この時、河村義秀らも景義に預けられた。

景義は、「源氏の世になったら頼れ」と約束した景親の命乞いを頼朝に願い出たが、頼朝は平家の総大将としての立場だったことを重くみて許すことをせず、片瀬川近くで梟首《きょうしゅ》に処された。

景義に身柄を預けられた河村義秀は、景親同様、頼朝から斬罪を命じられたが、その後の消息は絶えていた。表向きは、景親同様死んだことになっていたようだが、実は不びんに思った景義は、ひそかに保護していた。

そして建久元年（一一九〇）八月、鶴岡八幡宮境内において流鏑馬が催された折、予定していた武士が出場不可能になる事態が生じた。大事な神事であるから、急拠代役の射手を選出しなくてはならないことになって困っていたところを、頼朝の重臣大庭景義が頼朝に申し入れた。「私が預っている河村義秀は弓の達人、武芸の才能を備えていながら不遇の中に沈んでいるのは忍びない。こんな時こそ義秀を使ってはいかがでしょう」といった提言をした。

この時頼朝は、斬罪にしたものと思い込んでいたから驚いた。「あの時斬罪にしろといったのに生かしておいたのか。今日はとにかく大事な神事を行わなくてはならない。その方のいうとおり義秀にやらせよう」と頼朝は容認したのである。

義秀は、景義の期待どおり見事大役を果たした。頼朝は義秀の妙技をたたえ、機嫌よくなって、義秀のいままでの罪は許された。そのうえ旧領河村郷へ戻るようにと伝えたのである。その時の景義の提案について裏面からおもんばかると、河村家をなんとかして再建出来ないだろうかと日頃から機会を待っていたのではなかったか。予定していた射手が何らかの事情で出場出来なくなったという表向きの理由だが、射手に因果を含めて欠席させ、計画的に義秀の出番を与え、河村家回復を願ってのことではなかろうかとも思えるのである。

毎年十一月、山北町の鎮守室生神社境内前で催されている流鏑馬の行事は、鎧、冑を身に付けた実戦姿に特徴があり、鎌倉の流鏑馬は後にこれを見た頼朝がはじめたともいわれているが、その一因の中には前述の思いも含めた神事として継続しているのではなかろうか。また、景義が義秀を殺さなかったのは、波多野一族の松田氏とは姻族関係にあり、同族の河村もその親類筋になる系統にあったことも、景義の判断の中には生じていたのか、とも思えるのである。

正治元年（一一九九）正月十三日、五十三歳で頼朝が死んだ。後を長男頼家が鎌倉幕府第二代将軍に就いた。その後建仁《けんにん》三年（一二〇三）八月頼家が急病になった時、頼朝二男の実朝と頼家の子一幡との権力分譲案に端を発した時政との関係した事件により、頼家は修禅寺に幽閉された後、元久元年（一二〇四）七月十八日北条氏の射手によって殺害された。二十三歳だった。

そして、建仁三年（一二〇三）九月七日に後任として三代将軍になったのが頼朝二男の源実朝である。北条時政は伊豆に隠退し、嫡子義時が執権となった。

しかし、承久《じょうきゅう》元年（一二一九）正月二十七日、右大臣拝賀のため鶴岡八幡宮に参詣した実朝が、神事の終った帰途、八幡宮境内で頼家の遺児公暁によって実朝は暗殺されてしまった。実朝二十八歳。

その後、元弘三年（一三三三）五月には、鎌倉が新田義貞の挙兵によって占拠され、時の執権北条高時は三十一歳の若さで自殺して果てた。

源氏の後を継いでいた北条氏は滅び、鎌倉幕府はここに滅亡したのである。

やがて南北朝時代（一三三六〜一三九二）に至ると、波多野一族の河村氏、松田氏は南朝方の新田義貞方に立って北朝方と戦った。

南朝とは、吉野朝ともいい、延元元年（一三三六）十二月、後醍醐天皇が吉野に遷幸（自らの意志ではなく、都から他の土地に移されること）され、楠正成、北畑親房らが擁立し、後村上天皇、長慶天皇と続いた後、後亀山天皇になって京都へ帰るまでの元中九年（一三九二）十月までの間、奈良県吉野にあった頃のことをいい、吉野時代ともいった。

一方北朝は、京都に足利尊氏が擁立した朝廷で、光厳、光明、崇光、後光厳、後円融天皇の時代のことをいう。

元弘三年（一三三三）五月上野国で挙兵した新田義貞に、河村氏は、三浦義勝の許に入り、義貞の陣地へ馳せ参じている。その後義貞は、延元三年（一三三八）閏《うるう》七月、越前国藤島（現福井県福井市）で戦死した。

そして、正平七年（一三五二）三月四日、河村、松田氏の勧めに従って南朝方新田義興、脇谷義治らの軍勢四千余騎が、河村城に立籠った。同年三月十五日になって、畠山国清を大将とする北朝方足利尊氏軍五千余騎が河村城を攻撃したが落城せず、兵糧攻めにかかった。足かけ二年に亘る攻防戦を続けた。

正平八年（一三五三）三月五日、新田義興、脇谷義治らは河村城を出て行った。それから一か月後の四月「南原の合戦」によって、河村秀経、秀国ら一族の殆どが討死した。難攻不落の堅城と譬えられた河村城は、ここに至って落城したのである。

河村城から落ちて行った新田義興らは、正平十三年（一三五八）十月、武蔵矢口渡で自害、討死してしまった。

その後の河村城は、鎌倉公方の直轄地となって畠山国清が管理に当っていたが、康安元年（一三六一）十一月国清は執事職を解任された。その後は、関東管領の上杉氏が管理していたようだが、永享十年（一四三八）八月、鎌倉公方足利持氏と管領上杉憲実が不和となり、公方の兵に押し寄せられて河村城は明け渡した。その合戦で鎌倉公方足利持氏に味方して、河村城を攻め落とした功績により、大森伊豆守憲頼が河村城を管理することになったのである。

その頃は駿河国竹ノ下に居住していた大森氏は小田原に移り、城を築いて小田原城を居城としたのである。従って、河村城は大森氏の属城となっていた。

そして明応四年（一四九五）二月、伊勢新九郎（北条早雲）が相模国侵攻までの約六十年間、大森氏の支配下にあったと考えられる。

小田原が北条氏によって乗っ取られた後の河村城は当然北条氏のものとなったが、すでに松田氏は北条早雲の麾下に加わっていた。

山険しく苔滑らかにして人馬の足が立つ処とてないほど険阻な、難攻不落といわれた城としての存在感があった河村城は、戦国時代小田原道が山北の大口を通っていた見地からも、一連の防衛ラインの城として形成していた。小田原道が通過する地点を中心とした、小田原北条氏軍法の中の、いわゆる「箕構え《みのがまえ》」の要所であった。すなわち、河村城、南足柄市矢倉沢の足柄城、山北町川西の新城、南足柄市内山小字城山の浜居場城、南足柄市内山字春日山の春日山城など、甲斐国からの武田軍に備えた陣形を構築していたのである。

天正十八年（一五九〇）七月、豊臣秀吉によって小田原攻めがあり、さすがの北条氏も亡んでしまった。これに従って、河村城は廃城の運命をたどったものと思われるのである。

頼朝以後の小田原

(1)小田原の北条早雲

明応四年（一四九五）二月十六日、伊勢新九郎長氏（北条早雲）が伊豆国韮山より勃興して、大森氏を逐《お》って小田原城を乗っ取り、伊豆、相模の両国の平治に及んだ。

小田原を築いたといわれている大森式部少輔氏頼入道寄栖庵は、天児屋根命《あめのこやねのみこと》の後裔中関《なかのかん》白《ぱく》道隆公の子孫である。

早雲は、小田原に攻め入るに当って、城主だった氏頼に和睦を申し入れてつき合いを深めようとしたが、氏頼は受け入れなかった。氏頼は、早雲に何か下心があってのことに違いないと推測し、早雲の本心を見抜いて用心し、氏頼の子実頼《さねより》らに早雲の行動には警戒するよう指摘していた。

明応三年（一四九四）八月二十八日に、氏頼が死去した。

小田原城主になった大森実頼に、折に触れて親愛の情を示し続けていた早雲の行動が度重なるに従って、実頼とその息子信濃守藤頼《ふじより》たちは、早雲の情にほだされていった。

そうしたある日、早雲から大森氏に使者がきて、鹿狩りをしていて他の山の鹿が箱根山へ集っているらしい。東方の勢子を入れることを許可してほしいと、申し入れがあった。

大森氏は、いままでの早雲の行動からも、まさか策略があってのこととは予想もせずに、素直に早雲の申し入れを許したのである。

内心時期到来とばかりに早雲は、武勇に富んだ若者を数百人集めて勢子に仕立てた。そしてさらに、犬ひきに仕立てた戦さに熟達した数百人に竹槍を持たせ、夜討ちの準備を整えた。

そして、明応四年（一四九五）二月十六日、熱海の日金《ひがね》山を越えて相模国に入り徐々に石橋や湯本辺りに兵をひそませて待機させ、千頭の牛の角に松明を結え付けて夜になるのを待った。

襲撃の合図に松明に火を付けて、夜に入って小田原城西南方角に当る笠懸山（石垣山）、箱根山へと追い立てて駆け上がらせ、石橋、米神辺りからはほら貝を吹いて鬨の声を上げ、あたかも鹿を追い立てる勢子の如くにみせかけ、板橋の町家に火をかけて焼き払った。

その時の小田原城内の大森氏は、上杉合戦の加勢に多くの軍勢は派遣されていて、城に残っていた兵士は少人数だった。

鬨の声やほら貝の音に気付いた大森氏は、西から南の方向にかけての山々に点る松明の火を見て、何十万騎もの多勢で押し寄せてくると見てとった城内の者たちは慌てふためいた。

突然北条勢の攻撃を受けた大森方は、防ぎようもなく、相模国の西部の住人成田市之丞は、大森父子たちに「味方には備えの兵がなく、防戦する方法はありません。岡崎辺りに落ちのびて再度軍勢を集めて城を取り戻し、敗戦の恥をすすいでください」と進言した。そして六騎の手勢と共に長刀をふり回し、敵中へ乗り込んで薙ぎ倒し防戦したが、力尽きて他の部下たちと共に討死した。

城中から逃がれた藤頼たちは、平塚の真田へと落ちのびて行った。

早雲は勝鬨を上げて小田原城へと乗り込んだのである。早雲この時六十四歳だった。


小田原城主だった大森実頼の娘は、管領鎌倉扇谷の上杉持朝の子上杉高救《たかひら》の妻になっている。そして三浦介陸奥守従四位下平義同《よしあつ》を生んだが、三浦一族の時高に子がなかったので、時高は三浦氏の将来に不安を抱いていたために、時高の養子として義同を迎かえ、三浦の地の安定を計ったのである。

平塚の真田は、頼朝の代には三浦義明の弟岡崎悪四郎義実の長男、真田余一義忠の領域だった。いわば同族がいる領地へ頼って、大森氏は逃げたのである。

この頃の岡崎（平塚市岡崎）の城主は、三浦介義同で法名道寸といった。義同の母が大森氏の出身だったこともあった。

真田城へ移った藤頼たちは、三浦勢と共に岡崎城を後詰めの城として幾度となく戦いが続けられたが、真田城の守りは堅固で、三年間に亘って合戦が交わされた。

しかし命運尽きて、明応七年（一四九八）早雲の総攻撃を支え切れず落城した。大森藤頼はこの地で自決、大森氏は滅亡したのである。

この時代、小田原を含めた相模国は扇谷《おうぎがやつ》上杉家の所領地だった。大森氏を亡ぼした早雲に、激怒した上杉朝良《ともよし》は「軍勢を繰り出して早雲を攻撃するだろう」といった噂が、早雲の耳に入った。そこで早雲は策略を思い付いて「これからは扇谷の旗の許に属し、ご命令に従う」といった内容のことを、武蔵国寺尾（川越市寺尾か？）の住人諏訪右馬助を通じて上杉に伝え、和睦を乞い願った。

明応三年（一四九四）十月五日、扇谷上杉修理大夫定正が重病に冒されて死去した。後を継いだ五郎朝良は、まだ若輩だったこともあったのだろう。早雲の謀略とは思わずに真実の申入れと解釈した朝良は、早雲を信じて小田原を攻撃することなく、和睦が成立したのである。

上杉朝良の父扇谷上杉定正の死因については、武蔵の高見原（埼玉県大里郡）で、山内上杉顕定《あきさだ》と戦った時に、荒川を渡ろうとして落馬した。それが原因で死んだともいわれている説もある。

小田原へ入った早雲は、十年間時が来るのを待っていた。

永正元年（一五〇四）九月、武蔵国立河原（立川市辺り）で両上杉の合戦が発生した。扇谷上杉朝良は河越にいた時、山内上杉顕定が上野（群馬県）平井を発って、河越へ向かったといった情報を得た。朝良は出て行って顕定軍と戦った。今川氏親《うじちか》と早雲は兵を派遣して朝良軍に加わろうとしていた。早雲は小田原乗っ取り後の扇谷上杉との約束を果した形に見せるためもあったようだ。駿河の今川氏親は、扇谷上杉の縁者であり、氏親の娘は小田原北条氏康の妻といった間柄にあった。

当初朝良側の旗色が優勢だったが、二日目には越後（新潟）の守護上杉房能《ふさよし》が駆け付けて顕定方に加わった。形勢は逆転し、朝良勢は敗北して河越へと引き上げた。それには、早雲や氏親の軍勢が、越後からの顕定援軍と、本気で戦おうとしなかったからだといわれた。勢いに乗った顕定軍は、逃げる朝良勢を追って河越城を取り囲んだ。しかし落城せず、籠城すること半年、力尽きた朝良は、顕定に和睦を申し入れた。

考えてみれば両上杉の間柄である。顕定は、朝良の申し出を受け入れて、上野へと引き上げて行った。

朝良にとってみれば、籠城の苦境にあるのを目前にしていながら、早雲は援軍の手をさし延べてくれず、見て見ぬふりをしていたのである。両上杉を戦わせておいて上杉の衰退を待っていたのは早雲だったことに、ようやく両上杉は互に気付いたことも、和睦した胸の内にあったのである。

同じ年、越後の守護であった上杉房能は、守護代長尾為景によって殺害された。

代々長尾家は上杉家の老臣として仕えてきたが、六郎為景の代になって、為景は我が強くて欲が深い性格であったことから、為景は勢力を伸ばそうとした守護代と守護との支配権争いから生じた事件であるといわれた。殺された房能は山内上杉顕定の弟で、為景は上杉謙信の父だった。房能に男子がなかったことから、上条（柏崎市）の上杉房実の子定実《さだざね》を養子にして娘を妻とさせた。しかし為景は定実に味方して擁立し、越後の支配の実権をわが掌中にしたいと計ったのだが、房能はそのことを知って為景を討とうとした。ところが結集していた為景勢にはかなわず、房能は兄がいる上野（群馬県）へと兄顕定を頼って落ちのびる途上、松之山（新潟県東頸城郡）に出て手水《てみず》越えをしようとした時、為景方の高梨政盛勢に包囲され、一族郎党殺されてしまったのである。高梨政盛は、信濃国（長野県）高梨城（下高井郡）城主で為景の母は、豪族高梨家の出である。

房能を殺害して養子の定実が守護になったとみるや、山内上杉顕定は、弟の仇を討つため、永正六年（一五〇九）七月、上野、武蔵の兵を率いて越後に攻め入った。その結果、為景は敗けて越中西浜（富山県下新川郡布施）に逃げ、そこから船で佐渡へと渡った。

一方、越後に入った顕定は、越後平定に尽してみたものの、為景一味に対する復しゅうが長く続いていたため、顕定から次第に住人は離れていった。

翌永正七年（一五一〇）六月になると、体制を整えた為景が佐渡から越後へと戻ってきた。これに呼応した高梨政盛は信濃国から越後へ入って兵を挙げて、寺泊（三島郡）から椎谷（柏崎市）へと兵を進めたため為景勢は勝利した。

顕定は長森（南魚沼郡六日町）まで逃がれ、八海山の麓にある長森で上野からの援軍を待ったが、援軍が到着する前に為景、政盛勢が追ってきて、顕定はそこで討死して果てた。六月二十日の出来事である。


早雲は、同年六月に、相模国高麗寺山（神奈川県中郡大磯町）に陣を構えていた。伊豆と小田原を本拠と定めた早雲は、相模一帯を制するには三浦半島を勢力下としている三浦一族の義同父子を亡ぼさなくてはならないと考えていた。そして、まず岡崎城を手中に入れて鎌倉へと進攻することを目論んでいたのである。

永正九年（一五一二）八月、早雲はすでに八十一歳になっていた。

岡崎城は、平塚市と伊勢原市が接する地域に、頼朝が勝利し、鎌倉に幕府を創設した頃に三浦一族の岡崎義実が築いた城といわれ、要害堅固な城として評されていた。

早雲が岡崎城を狙った時の城主は、三浦義同だった。まず扇谷上杉氏がいた大庭城（藤沢市大庭小字城山、旧高座郡大庭庄大庭村）を攻め落とした早雲は、永正九年（一五一二）八月、その勢いをもって岡崎城を包囲した。早雲と氏綱が指揮する北条勢は、孤立した岡崎城に大挙して攻撃を加えた。さすがに三浦勢は一の木戸、二の木戸と破られて攻め込まれ、義同はいまはこれまでと覚悟を決めて腹を切ろうとした。しかし、家臣たちに「再起を」と諫められて一旦は住吉城（逗子市）へと逃がれた。早雲の追撃は続き、住吉城も落城し、義同主従は、義同の嫡男三浦荒次郎弾正少弼《しょうひつ》義意《よしもと》がいる新井城（三浦郡三崎町小網代）へと落ちのびて行った。

新井城は、義同の養父時高が築城した城だが、実子が生まれると時高は義同を養子にしていながら、後を実子に継がせたい思いがつのって義同が邪魔になり殺害されかねない状態になった。身の危険を感じた義同は小田原へ逃がれて出家して、道寸と名乗ったが、家臣たちが時高のやり方に憤って義同の許に結集して、新井城にいた時高父子を襲撃して死なせた経緯がある。

鎌倉へ入った早雲は、義同の援軍に対する備えに、玉縄城《たまなわ》（鎌倉市）を構築した。

永正十三年（一五一六）七月、扇谷上杉朝良の子朝興《ともおき》は、義同を助けようとして大軍を率いて玉縄城に押し寄せた。

しかし、早雲勢は反撃して後退せず、攻めあぐねた朝興勢はやむなく江戸へ引き上げてしまった。


早雲の新井城総攻撃が開始された。

新井城を守っていた義意の妻は、上総（千葉）の真利谷《まりやつ》上総介の娘である。早雲の激しい攻撃に持ちこたえられなくなった時、家臣たちは妻の実家上総介を頼って再起を図ったらどうかと、義同に進言した。

しかし義同道寸は、「この城で養父時高を殺害した。いまの運命はひとえにその報いの天罰であろう。このうえは生き恥をさらしたくない」と固執し、一族郎党集めて名残の酒を酌み交わし、永正十三年（一五一六）七月十一日朝、敵陣に斬り込んで思いのまま反撃したが、いまはこれまでと判断した義同道寸は、「討つ者も討たるる者も土器《かわらけ》よ、くだけて後《のち》はもとの塊《つちくれ》」（討つ者も討たれる者もいわば土器のようなものである。くだけてしまえばすべてが同じで、もとの土くれに過ぎない）と詠んで腹を切って討死したのである。

城主三浦荒次郎義意は、身の丈七尺五寸、八十五人力といわれ、一丈二尺の八角棒をふるって敵方の死骸の山を築いた後、最後に自ら自分の首を斬り落として果てたという。その首は三年間、かっと目を見開いたまま肉も落ちなかったそうである。

新井城が落城し、かくして頼朝以来の相模国三浦の豪族三浦氏は滅亡して、早雲念願の相模国平定が叶ったのである。

早雲の出生は定かではない。伊勢（三重県）の関氏からの出とも、室町幕府政所の執事を務めた伊勢氏の系統ともいわれ、生国は備中（岡山県）といわれる説もある。初めて用いた名前は、伊勢新九郎長氏とも、氏茂、長茂ともいわれている。早雲庵宗瑞《そうずい》とは入道してからの名ともいい、いつ入道したかは不明である。北条の姓は、早雲の子氏綱の頃から用いるようになったともいう説がある。そのほかに、山城の宇治（京都府宇治市）といい、或は大和国在原（奈良県天理市石上にあったという在原寺付近？）ともいわれている。『小田原北条記』によると、それは異説と指摘している。また、『日本史年表』系図（吉川弘文館）によると、桓武平氏として、高見王―（平）高望―国香―貞盛の系譜にあって、貞盛の次男維衡―正度の次男季衡を先祖に持ち、季衡から七代目俊継に至って伊勢と名付けている。俊継から盛継、三代目盛経を経て、十代目に北条長氏（早雲）となっている。『小田原北条記』では、これが正しいと述べている。季衡の兄弟には、兄貞季がいて、貞季から五代目が伊豆国の目代山木（平）兼隆である。また正度の子三男正衡には、太政大臣になった平清盛が四代目にいる。北条時政は、貞盛の長男維将が先祖にいるといった間柄が示されている。熊谷直実も、時政たちと同じ維将の末裔である。

永正十六年（一五一九）八月十五日、早雲は伊豆国韮山で死んだ。八十八歳であった。長男氏綱はこの時三十三歳。

死後直ちに伊豆国修禅寺で一片の煙となし、早雲の遺言どおり氏綱は京都の紫野の大徳寺から和尚たちを多数呼び寄せて供養を施した後、小田原領内湯本に円丘を築いて遺骨を納めた。法名早雲寺殿天岳宗瑞。死因は三浦三崎で船遊びで病気になり、それが重くなったのが原因ともされている。

小田原を本拠とした北条氏は五代に亘り城郭の整備を推進した。町屋、商家を取り込んだ城下町を包含した大陸的な総構えの構想によって築いた規模の城郭は五里四方ともいわれている。西南に早川の流れ、南は相模の海、東は久野川水系で縁取られ、これらを取り巻く石垣山、畑の平、塔之峯、明星岳から続く久野丘陵と多古への尾根筋、酒匂川の流れが防衛地形を形成している。そして城郭は、大外郭、外廓、内郭、内城の四つによって構成し、二重戸張、鵜首、鵜足《うたり》、蓮池、渋取《しぶとり》、堀などの諸設備を施して敵からの攻撃に対して万全の備えを施し、最も籠城に適した城としても、大坂城、江戸城と共に日本三大名城として名を残している。

その他、諸々の施策を行っていた。なかでも永正十五年（一五一八）十月、伊豆国内浦長浜の百姓に宛た文章に「虎印判」を押している。その頃早雲は「虎印判」を用いて、規定した基本政策書状にこれを押印して、政策を推進していた。

禄は　福禄の禄　封禄を表わし幸いの意味
寿は　おめでたい年が長く続くこと
応は　事に和し
穏は　おだやかな日々の続くことを願う

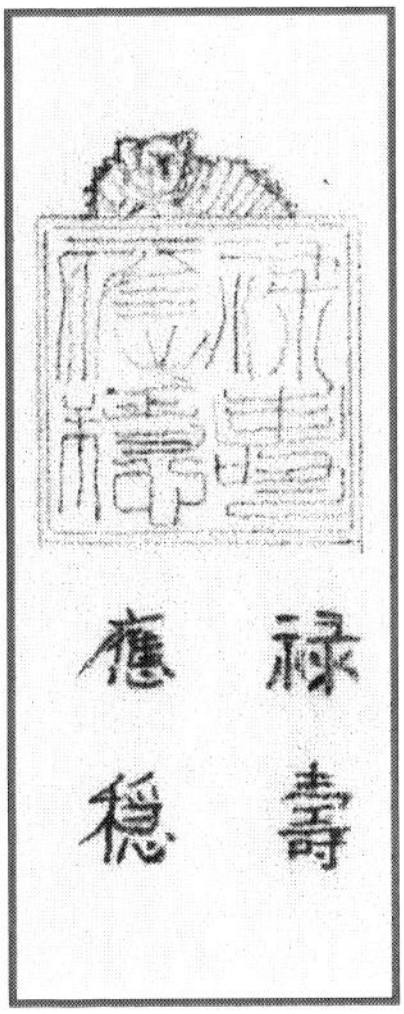

虎朱印　北条氏の公印。上部に虎の造形が彫られ、縦横５㎝の角印。

早雲が伊豆国を手中にした説には、次のような内容もある。

早雲は、初めは京都の八代将軍慈照院義政（足利義政「一四三六〜九〇」）に仕えていたが、延徳二年（一四九〇）一月五十五歳で義政が他界したのち、駿河へくだり、足利一族であり、駿河国の守護であった縁者の今川義忠を頼って、静岡県沼津市根古屋の篠山にある興国寺の城に腰を落ち着けたという。

今川義忠は今川義元の祖父になるが、妻は北川殿で早雲の姉である。

また、早雲の母は尾張国の住人で、鎌倉幕府十四代執権北条高時の末孫の横井掃部助《かもんのすけ》の娘である。伊豆の北条には横井一門がいて、桑原と名乗りこの人もまた早雲の親族といった関係である。

加うるに、伊豆国には京都にいた時仕えていた足利義政公の弟政知公もいる。そうした諸々の縁もあって、早雲は伊豆国へきたという。

政知は関東平治のため、長禄二年（一四五八）九月下旬都を出発して晦日には駿河の国府に到着し、十月上旬伊豆の国府（三島市）に入っている。丁度その頃、山内、扇谷両上杉家は、武蔵と相模の境界で足利成氏《しげうじ》公と交戦していたため鎌倉へ入れずにいた。そのため両上杉が相談して伊豆の堀越に新しく館を構えて堀越の御所と呼んだのである。

政知が関東へ向って、一時三島辺りに住んでいたことがあった。そして堀越へ移ってから、伊豆国韮山に住んでいた韮山城主に、外山《とやま》豊前守といい、政知に忠義を尽し、勝れた人物がいた。政知との親愛の情が深まると、ねたむ家臣が生じ、政知にあらぬ告げ口をするようになっていた。うかつにも政知はそれを信じて、不本意ながら外山を成敗してしまったのである。

韮山城城主だった外山豊前守には男子がなかったので、生前から早雲に跡目を継がせようと早雲を婿に迎えたのである。早雲が身を寄せていた興国寺の城からも近かったので、豊前守が死んだ後、早雲は韮山城へと移ったのである。

早雲は生来の慈悲深さと民を恵しむ心に領内の人たちは親のように慕っていた。文武両道にも勝れて人一倍仕事に励み、謀りごとにも長けていた早雲は、今川義忠を頼ってきた頃は、義忠に忠義を尽していた。義忠の子つまり姉の子竜王丸《たつおうまる》は、早雲にとって甥だが、七歳の時元服して今川氏親と名乗ったが、そうした早雲を崇拝していたという。

延徳三年（一四九一）四月三日、堀越公方の足利政知は五十七歳で、北条の御所で死去した。政知には三人の男子がいたが、長男義澄は明応二年（一四九三）細川政元が京都に迎え入れて十一代将軍となり、次男義遐は天竜寺の香厳院にいた。三男は茶々丸といったが、後に御所を継いで成就院《じょうじゅいん》と名乗ったのである。しかし、猛々しい性格と酒乱のため、近習の侍たちは寄り付かず、近臣を手打ちにしようとさえする始末で国中は平穏にすごせず困っていたのである。

その頃、関東では、古河の成氏と両上杉との合戦が続いていて、伊豆国の武士たちは関東へ出兵し、御所も手薄の警備になっていた。この時早雲は好機とばかり軍勢を率いて堀越を包囲。鬨の声をあげて御殿に火を付けて焼き払った。

成就院茶々丸は大森山をくだり、会下寺《えげでら》（師の許で修行する寺。ここでは宝篋院《ほうきょういん》）に入り自害して果てた。そして、御所方の侍は降伏。早雲はそれ以来、自らも人も北条殿と称したということである。

成就院を討伐した早雲の勢いは盛んになり、近隣の人々は早雲に従った。

次いで早雲は、狩野介を攻めた、
狩野介は伊東氏の婿で、伊東氏の弟の法華僧円覚が大将となって狩野介に加勢したが、早雲方には今川氏親からの援軍葛山備中守を大将に、多くの軍勢が加勢に来て攻防戦をくり広げた。結果は狩野介方は敗けて、名越《なごえ》（実は奈古屋）の国清寺（静岡県田方郡韮山町）で自害した。そして、伊豆国の主だった武将たちは降伏し、早雲の威光はますます高まっていったのである。

明応三年（一四九四）正月二日の夜、早雲はある夢を見たという。夢の中で広々とした平原に大杉が二本生えていた。そこへ鼠が一匹現れて、根元から次第に食いちぎってしまった。それと同時に鼠は虎に変身していた。ここで夢からさめた早雲は、夢判断から「二本の杉は両上杉である。私は子《ね》年生まれで、上杉を滅ぼす筈の者であるから、じきに杉を食い折ってしまうだろう。これはつまり関東を滅ぼし、子孫永代にわたって東国の主《あるじ》になることができることを示した吉夢だ」と結びつけて喜んだ。

また早雲は、三島大社（三島市）に参籠し、いろいろ願かけをした。そして、「私から七代、北条家が相継いで関東で権力が取れますように」と真心込めて願をかけ祈ったという。そしてますます、気力を増し、上杉征伐の計略をめぐらしていたというのである。

伊豆・相模両国を平定した早雲は、小田原城を嫡子氏綱にまかせて、伊豆国韮山城に住むことにした。

韮山は、かつて駿河の守護であった今川義忠に嫁いでいる姉北川殿を頼って、尾張から駿河にひとまず落ち着いた後、伊豆国北条（静岡県田方郡韮山町四日市付近）の堀越の御所の足利義政の弟政知の子成就院《じょうじゅいん》を滅し、伊豆の国を統治した地である。

韮山城に移り住んだ早雲は、やがて重病にかかった。中国の戦国時代の名医扁鵲《へんじゃく》など名医の医術を施し手を尽すほか、神社、仏閣に祈願してみたが、一向に効き目がなかった。

そして遂に永正十六年（一五一九）八月十五日八十八歳で、伊豆国韮山城で没した。伊豆国修禅寺で荼毘《だび》に付し、早雲の遺言どおり京都紫野の大徳寺から以天《いてん》和尚ら多くの和尚を呼んで、小田原城から近い湯本に円丘を築いて骨を収め、金湯山早雲寺（別称早雲寺天岳宗瑞禅定門《てんがくそうずいぜんじょうもん》）と名付けて一寺を設けた。

住職には、大徳寺の以天和尚を招いた。仏殿、法堂、山門、鐘楼、食堂《じきどう》のほか諸施設はすべて大徳寺に習ったといわれている。

その後、天文十一年（一五四二）六月二十四日、宮中からの命令として綸旨《りんし》（天子の命令・勅旨を受けて蔵人所《くろうどどころ》が出す文書）が発せられて、勅願寺（勅願によって鎮護国家・玉体安穏・皇祚長久祈願のため建立された寺。大安寺、薬師寺、東大寺などがある）となり、関東第一の名刹となったのである。

早雲の跡を継いだ氏綱は、早雲が行っていた政道を受け継ぎ、仁義を尊び孝行を奨励し、長老をいたわって、忠臣には賞を与えるなどで報い、義士には愛情を示して大切にする行動を領内に推進した。そして、その恩義にあやかろうと、近隣の諸国から商人までも集まってきた。

この時代に「外郎《ういろう》」は京都からきて、合わせ薬を作って商った。中でも「透頂香《とうちんこう》」は、痰の妙薬といわれ、この霊薬は不老長寿の薬と称して、氏綱へも献上した。氏綱は外郎に「小田原にとどまるように」といって明神の前に町屋を与えて住むようになり、現在も引続いて「外郎」の看板を掲げて繁盛し続けている。

氏綱は、領国伊豆、相模両国が統治された後、家臣たちを同行して伊豆山神社へ参詣した。源頼朝が平家討伐の時詣でて天下を治めることが出来たことで、氏綱も厚い信心をもって願書を奉納したこともある。

各所を見て回わった帰路には、真鶴が崎に立ち寄り、頼朝が石橋山合戦に敗北して身をかくしていたという鵐の岩屋を見物した。身をひそめて運を開いた場所といわれ、浦人たちを呼んでアワビ取りなどに潜《もぐ》らせて酒宴を催した後、舟に乗って小田原へ戻った。その途中、舟中に白魚が一匹とび込んできた。「中国では、周王の舟に魚が飛び込み『史記』、日本でも清盛の舟へ魚が入った例がある。いずれもめでたい吉相であった」と氏綱はじめ家臣は喜び合った。夜に入って舟にかがり火を絶やさず小田原の早川の浦に帰港した、といった話題もある。

北条氏は早雲にはじまり、氏綱、氏康、氏政、氏直へと、五代にわたる小田原北条の善政と繁栄が展開していったのである。

⑵秀吉の小田原攻めと北条氏の滅亡

天正十八年（一五九〇）秀吉が小田原を攻めるに当っては、発端となる要素に、天下統一の構想実現への思いもあったと考えられるが、その誘因となるには、群馬の沼田にもあったようである。

沼田は元来中世からの雄族沼田氏が勢力を持っていた地域だったが、一族の内紛によって滅亡した。

その後、隣国の上杉謙信の支配になった。

天正四年（一五七六）頃は、北条氏康、氏政親子と、上杉輝虎（謙信）との争いが続いていて、沼田は北条の所有になったり、上杉のものになったりしていた。その間にも上杉は、武田信玄と信濃国で合戦がはじまった。さらに北国の敵を征伐する必要が生じ、数年間は諸々の合戦で沼田に対しては手が回らなくなった謙信は、氏康との和解を提案した。互いに恨みを忘れて親しく相談したい。その条件の一つに北条氏から養子を貰って跡を継がせたいと、謙信は申し入れたのである。

氏政は、父氏康と相談し、いままでの輝虎（謙信）の人柄を裏表のない人物と見込んで、家臣を集め会議を開いて相談した。そして、北条幻庵の所へ養子に出した氏康の七男氏秀を、輝虎の養子に行かせようといった結論にまとまった。

幻庵は氏政の父氏康の叔父に当り、北条三郎長綱法名幻庵と名乗っていた。幻庵には新三郎（綱重）と新八郎兄弟の息子があった。そして、駿河国蒲原城（庵原郡蒲原町）を守っていたが、永禄十二年（一五六九）十月八日（或は十六日）にはじまった、相模国の「三増合戦」に備え、北条方の駿河勢の殆どが不在になっていた。その状態を知った武田信玄は同年十二月五日の夜半に甲州を出兵、六日の朝には先陣が由井、蔵沢にさしかかっていた。そして一気に蒲原に押し寄せた。

北条方は多勢に無勢、およそ三百騎の北条方はこの戦さで新三郎はじめ、一人も残らず討死してしまったのである。

それを知った幻庵は悔いて泣き、日夜悲しんでばかりいて病いになるかと思えるほどであったという。

幻庵の状態を見かねた氏康は、七男の氏秀を幻庵の養子として幻庵の娘と夫婦にしようという段取りを決めたのである。

氏秀を養子に迎えた幻庵は、氏秀を早速三郎と命名して所領の一切を譲ったのである。

その三郎氏秀を、上杉輝虎（謙信）の許へ養子に出そうという結論になったのである。

上杉謙信は、長尾一族の長尾為景の子で、はじめの名は景虎だった。父の死後、守護上杉定憲が、為景死後の後継ぎ問題で一族が紛争した時に調停した後、兄晴景から守護代を譲り受けた。その後、天文二十一年（一五五二）越後に亡命した上杉憲政から、上杉氏と関東管領職を譲られて上杉政虎と改名したが、時の将軍足利義輝から一字もらって輝虎、と名乗るようになったのである。

元亀元年（一五七〇）正月、三郎氏秀夫婦を、輝虎がいる越後へと向かわせた。迎えた輝虎は、早速上杉三郎景虎《かげとら》と名付けて祝宴を催した。

上杉輝虎（謙信）には子がなかった。甥には喜平次景勝がいたので、輝虎は養子に考えていたのだが、景勝の父は長尾越前守政景で、輝虎にとっては姉の婿といった間柄だった。政景には二人の子があって嫡男が景勝、妹は越中の神保長住の子を人質としていたが、その子に上杉を名乗らせ、景勝の妹を妻にさせ、上杉上条と呼んでいた。

しかしながら、去る年政景の行状に怨みごとがあって、輝虎は信州池尻（野尻湖）という湖で、政景を舟に乗せて家臣の宇佐美駿河に舟の栓を抜かせて浸水させ、沈めて殺している。その頃幼かった景勝は助けて育てたものの、成人した時親のことを思い、謙信に対して怨みを持つ考えを起こすだろうと輝虎は危惧していた。

そして北条氏からの養子を惣領として、上杉の家督を継がせたら、いざという時には小田原からの援軍があろう。上杉の行く末の繁栄をおんばかって、景虎を惣領として迎えいれたのである。

天正六年（一五七八）三月九日、輝虎（謙信）が厠《かわや》で倒れ、十三日に四十九歳で没すると、景勝は葬儀がすんでいないのにもかかわらず、「謙信は自分に本丸を譲られた」と嘘をいい、無理矢理本丸がある春日山城（上越市に所在）にいた三郎景虎の家老山中兵部を追い出して、乗っ取ってしまった。

二の丸にいた景虎は直ちに攻撃して追い出そうとした。そこへ景勝勢が鉄砲を撃ち込んできた。景虎は春日山城の東方にある御所へ避難し、輝虎の養父上杉憲政の前に諸家臣を集めて、対策の評定をした。その結果「三郎景虎に道理がある。領地を二分して輝虎（謙信）の遺産を二人で統治したらどうか」と話がまとまった。そのことを輝虎の老臣同国橡生《とちう》の城主北条円後守（高広）が景勝の許へ出向いて「越後上野は三郎景虎に」「景勝は能登、越中を所領し、加賀、越前まで征伐することがよいだろう」と伝えたのである。

しかし景勝は、「三郎景虎は小田原北条の子、北条から加勢がきて景勝を征伐しようとするにちがいない。その前に景虎を討って越後を手中に収めたい」と意見をきき入れようとしなかった。

この件を、小田原北条は、飛脚によって知り、氏政は北条治部大輔、太田大膳などの軍勢二万余騎で、越後の景虎加勢に出撃させた。また甲州の武田勝頼にもこの事を知らせた氏政は、景勝を討つように要請した。三郎景虎の姉は、勝頼の妻で、勝頼は義兄弟といった親密な関係にあったから当然のことだった。

勝頼は早速軍勢を集めて、越後の景勝討伐へと出陣の準備を整えていた。そこへ景勝から使者がきて、勝頼に詫び「三郎景虎征伐後は上野一国を差し上げる。味方として命令してくれれば先陣を引き受けるから加勢してくれるように」と伝え、そのうえ、輝虎（謙信）がいざという時のために貯えてきた金など、ことごとく勝頼に献上したのである。

武田の家臣たちは、そうした景勝からの条件に賛同し、勝頼と景勝は和睦した。景虎を救済へと向う筈の武田勢は、逆に三郎景虎を攻撃する側へと急拠転じてしまった。

勝頼の応援を期待して待つ景虎は、まさか景勝が勝頼と取引して、味方に付けてしまったとは思いもよらなかった。いつまで待っても加勢の軍勢は姿を見せない。しかもいまの手勢では大軍を防ぐことはとうてい不可能だった。

あげくの果ては景虎は敗れて、養祖父憲政と景虎は同年三月十八日自害して果てた。御館には火をかけたので景虎方の武士は、残らず討死してしまった。

この顛末を上州沼田できいた小田原北条勢は、

「こうなったうえは無駄になる」と引き返してしまった。

こうして景勝は、越後の領主になったのである。

景虎の妻だった幻庵の娘も、直ちに越後から小田原へと送り届けられた。そして、その後、氏政の弟北条氏尭《うじたか》の妻として収った。

また、上杉上条の妻になっていた景勝の妹も、「御館の人」ということで越後から追放された。

後日、武田勝頼がとった行為に、関東の武将たちは、「勝頼は大欲に走って義理の通し方を間違え、惣領となるべき三郎景虎をあやめた」と勝頼を謗《そし》ってつまはじきした。果して、それから十年と経たない天正十年（一五八二）三月、勝頼は滅んで果てた。

天正六年（一五七八）三月に上杉輝虎（謙信）が急病で四十九歳の生涯を終わった後の沼田は、小田原北条氏の支配するところとなった。

『新編物語藩史』（新人物往来社）によると、信濃国小県郡真田に、武田氏の勢力下にあった真田幸隆がいて、上州に進出、西上州を手中に収めた。天正元年（一五七三）四月、武田信玄が五十三歳で没すると、勝頼が跡を継いだ。翌年になると、真田幸隆も死去し、真田氏は長男信綱が跡を継いだのだが、同年（一五七五）の長篠の合戦で討死してしまった。

信綱の弟昌幸は、甲斐国の武藤家に養子に行って、武藤家を継いでいた。しかし、実家の真田家の事情を重く受け取った昌幸は、武藤家を出て真田に戻り、真田家の後継ぎをしたのである。

真田に戻った昌幸は、勝頼の指示に従って上野の吾妻地方を攻めて手中に収め、さらに利根へと侵入し、上杉氏の残存勢を追って利根川東の北条勢と合戦した。その結果、北条氏の沼田城代藤田信吉《のぶよし》は、沼田城を昌幸に明け渡した。

天正十年（一五八二）三月、武田勝頼三十七歳の時、天目山に敗れて武田は滅亡。沼田は織田氏の支配するところとなった。ところが、同年六月二日に発生した「本能寺の変」によって明智光秀に織田信長が四十九歳で殺されると、今度は北条氏が上州へと入ってきた。

しかし、ここでは『小田原北条記』によると、織田信長が死ぬと、甲斐、信濃の二か国には領主がいなくなった。これを知った家康は直ちに甲斐に侵入、信長の家臣河尻肥前守（秀隆）を討ち取り、甲斐国を領地にしてしまおうとした。それを知った甲斐国の住人大村三右衛門と大村伊助の両人が、急拠小田原北条氏へと注進した。

事情を聞いた氏直は、直ちに軍勢を甲斐国へ繰り出して、郡内（山梨県都留市）を攻め取り、若御子《わかみこ》（山梨県北巨摩郡須玉町若御子）まで軍勢を進めた。通常ならば上州に北条氏の勢力が入ってきたのだから、真田昌幸は北条氏と戦さをする場合は別として、真田氏は北条の軍門に入らなくてはならないのが慣わしだったが、昌幸は沼田城に伯父の矢沢綱頼《つなより》を城代として置いておいたのである。

上野から信濃へと攻め入った北条氏は、さらに甲斐国へ侵入して家康と対峙し、足軽などで戦さを続けること百日余り。双方譲らず勝敗はつかないまま、膠着状態が続いていた。結局、氏直と家康は和睦することになったが、仲に入って成立させたのは、北条方の人物によってである。

北条氏直の叔父に当る氏政の弟の北条美濃守氏規《うじのり》は、以前から家康とは昵懇の間柄であった。氏規が仲裁役を買って出て、家康と氏直を和解させたのである。

和睦の条件は、武田氏の旧領地の内、甲斐、信濃の二国は家康に、上野国は北条の所領とし、さらに家康の娘督姫《とし》を氏直の妻とするといった内容であった。互に親籍になって、以後親交を保つといったことである。

和解が整って、家康と氏直は兵を収めてそれぞれ国許へ引き上げたのである。

北条氏直は、領有する予定だった甲斐国の郡内を家康に渡し、家康は、浜松にいた督姫を北条氏へ輿入れさせた。

上野国は北条氏にといった約束だったが、家康の家臣真田安房守昌幸は、その後も領地として離れなかった。

北条氏は「真田が居座っている理由はないはず、約束どおり沼田を当方に渡してほしい」と家康に申し入れた。

家康は、北条氏のいうとおりで、真田氏に「沼田を早々に明け渡すように」と申し付けた。すると真田は「沼田の代替地をいただきたい。そうすれば明け渡しましょう」と返答した。しかし、家康の領内には沼田に匹敵する適地は見当らず、家康は「将来それに替わる土地をつかわす。すぐに沼田を北条へ明け渡すように」と重ねて命令した。

真田は、「それなら川中島四郡（埴科、更級、高井、水内）は家康は手を付けていない。近年では上杉景勝（輝虎「謙信」の養子、長尾政景の子）が領有している川中島を攻めて切り崩し、それを私にください」と述べたという。

その頃の家康は、秀吉と対立していて、そのうえ上杉と戦さをするのは無益と判断していた。そして「沼田はすぐに明け渡し、上田（長野県上田市）のみを領有して、時が来るのを待つがよい。必ず沼田に替る土地をつかわす」とさらに命じた。

真田昌幸は、家康の味方になったとはいえ、家康とのつき合いは長くはない。昌幸は耳をかそうとはせず、むしろ反逆心すら持つようになってきた。もともと家康と昌幸はしっくりいっていなかったところもあったのだろう。思い余った家康は、いうこともきかない昌幸に対し、家臣の平岩主計親吉、鳥居彦右衛門尉元忠、柴田七九郎康忠などと、甲斐国の武川《むかわ》組（山梨県北巨摩郡武川村）の武士たちを真田城がある上田へ出撃させて、数日間戦った。劣勢に落ち入った真田勢は、家康の配下から離れて豊臣秀吉へ助勢を求めたのである。昌幸からの助けに応じた秀吉は、上杉景勝に上田の真田氏に加勢するように命令した。そして数千の兵が上田へ向った。

家康は、要害な地形をした上田城に加え、堅固な守備陣の真田勢を攻めあぐんでいた。そうこうしているうちに、天正十三年（一五八五）七月、秀吉は天下を収めて関白の位についてしまった。

天正十六年（一五八八）八月、北条氏は氏政の代理として北条美濃守氏規が上京して、「沼田は北条へ下さるよう」と、秀吉に要請した。そして、沼田が小田原北条氏の所領となった経緯を説明した。それをきいていた秀吉は、「国境のことについてはよく話をきいてから決める。従って重ねて家老を上京させよ。沼田は北条に授けるようにしよう。そのうえで、北条も上京して秀吉に仕えるがよい」と伝えたのである。

同年十二月、秀吉は津田隼人正盛月《はやとのしょうせいげつ》と富田左近将監一白《いっぱく》を遣わして、「沼田の中の名久留美《なくるみ》は真田家代々の墓所であるので真田に授け、そのほかの地は北条が支配すべきである」

といった結果になった。その中には、氏政と氏直が上京する約束が入っていた。

秀吉からの指示に基いて、鉢形（埼玉県大里郡寄居町）の城主だった北条安房守氏邦《うじくに》（氏規の兄）が沼田を受け取り、城代として猪俣能登守範直《のりなお》を置いたのである。

範直は、去る元暦元年（一一八四）の源義経と木曽義仲との宇治川の合戦に、義経方に加わり活躍した猪俣小平太範綱《のりつな》の子孫だったが、思慮に欠けた、いわゆる田舎侍といわれていた。「沼田の内で名久留美だけ領地でないのは残念だ」といって、名久留美の城を勝手に攻撃して真田を追い出し、沼田全体を北条氏のものにしてしまったのである。

真田はこのことを秀吉に訴えた。秀吉は約束が違うと怒った。そして、沼田を北条に渡したのに、いまだもって氏政氏直父子は上京していない。承諾もなしに名久留美を取ってしまうとは、これ以上の反逆行為はないと怒り、小田原へ出撃して北条を討伐せよと命じたのである。

それを知った小田原北条からは、石巻左馬丞康昌《やすまさ》（正しくは康敬？）を使者にたてて上京し、「上州沼田の名久留美のことは私どもが命令したことではなく、片田舎の郎等たちが勝手に起こした思いの外の事件です。急いで返上します」と話した。しかし秀吉は、この申し立てを取りあわず、あげくの果てに使者の石巻を捕えて牢に入れてしまった。

はじめにも書いたように、沼田の事件をきっかけとして、秀吉は天下統一の目論みのさまたげともなっていた北条氏を、こうした推移によって征伐の口実の要因としていたのではなかろうか、とも思われる。

豊臣勢が箱根山を越えてきた情報が入った時、北条氏政、氏直は重臣たちを集めて相談した。そして、「箱根山を越えてきたというから急拠畑宿、須雲沢（須雲川）、石橋山に兵を配置し、箱根山を越えて疲れている敵軍を攻撃して安全を図ろう。豊臣方の軍勢は秀吉の威勢を恐れている寄合い軍勢にすぎない。恐れることはない。味方は生命をかける忠義を重んじる君臣一体となって、時を移さずに出撃し、一戦を交えよう」と提案した。

この時松田尾張守憲秀が「すでに山中城を攻略した秀吉軍の勢力との戦いは難しくなるだろう。先年の越後の上杉謙信や武田信玄が小田原に攻め寄せた時、大聖院殿（北条氏康）が少しの兵も城から出さず、城を守って籠城したので、長途の遠征に敵軍は兵糧がなくなって引き返そうとした。そこを小田原方から足軽を出して攻撃し、小荷駄を追い落としたり火を付けたりして味方は大勝利を収めた。近国の敵ですらこのような次第だった。今度の敵は大敵であり、はるばる西国・北国からきた諸軍勢だからいつまでも長く在陣していることは出来ないだろう。敵の兵糧がなくなった頃を見計らって味方から時々夜討ちをして、西国勢の馬・物具を分捕ったらいかがだろう」討って出ることは勝つか負けるかしかないが、後々のことを考えて作戦を立てることは難しいことだから、いまは籠城して戦うことが最良策だと意見を述べた。

松田憲秀の意見をきいていた重臣たちは、その意向に賛成して籠城に決めてしまった。

そうして松田憲秀は味方を籠城にまとめておきながら、豊臣方に石垣山（笠懸山）に陣を構えるように勧めたのは、北条家の重臣松田尾張守憲秀だった。

ひそかに秀吉に「小田原城の西南方向にある石垣山（笠懸山）という険しい難所があるが、箱根山から樵《きこり》の通る道がある。その道から兵を上げて陣地を構えれば、小田原城は眼下に見下ろせる。小田原城内では思いも寄らないこと。その時に豊臣方に内通して関白殿の軍勢を城内に引き入れよう」と申し入れた。

この話に秀吉は喜んで、憲秀からの使者に褒美を与え「小田原滅亡はひとえに松田の働きにある」と、松田憲秀をほめたといわれている。

松田氏は、波多野一族松田義経（常）を先祖に持つ家柄である。小田原城の孤立を察した憲秀は、一族の将来とも安泰をおもんばかっての行動だったのだろうか、北条の重臣という役割りにありながら秀吉に内通した松田は、恩義ある北条氏に謀反を企てたのである。

北条氏の戦い方の考えの戦略の一つには、箱根を越えた秀吉軍は、外輪山の北側から東側に当る明星岳を頂点として峯続きになる塔ノ峯から久野山の峻線を経て、水之尾から小田原に北西方角から侵攻するのではなかろうかといった目算をも立てていたようである。

塔ノ峯に塔ノ峯城を構築、そこから東方向へ下だった久野山へ至る中間地点の台地には、浜居場などと同意語源の、敵を追い払う意味を含んだ「威張」の場所として威張山（伊張山）がある。そこでは山岳戦を得意とする特殊兵団が配置されていた。これを「亥切衆《いぎり》」と呼んで、二か所に設けた拠点を「亥切屋敷」と称した。武技を鍛錬する場所としては「天狗の相撲場」と謂った。この地域からは、近年、櫛、食器、衣類、忍者が用いる武器などの遺品が出てきているという。

この集団を「風魔一族」の「猪源太」と呼んでいる人達もある。「猪源太一族」は、当時の山岳戦、隠密行動にもっとも勝れていたといわれ、そのために戦さ場と想定して威張山の外側を守備していたとも考えられている。威を張る場所として予測し、水之尾に毘沙門天を祀り、外郭には水之尾殿守、内郭に佐野殿守を設けて敵への備えを整えていた。

塔ノ峯の名は、「日本三名塔」に掲げられている一つが、この山の中腹にある。「阿弥陀寺」に基因した起源といわれる伝承がある。それ以前には、塔ノ峯のことを松尾山或は松尾岳と呼ばれていたようである。

塔ノ峯城があった場所は、尾根上にある古道に沿った小さな郭を設けていた程度のものだったようである。現在は頂上から下だった北側を、小田原の久野から箱根宮城野へ抜ける林道が、明星岳（九二四米）東南山麓と塔ノ峯（五六六米）北西山麓の合間を鋪装道路となって整備されている。

しかし秀吉軍は、支隊を塔ノ峯（松尾岳）辺りへと目ざして面々攻め立ててはいるものの、本隊は三島から山中、浅間山、鷹ノ巣へと鎌倉往還路を攻め落とした後、一時本陣を北条氏菩提寺の湯本早雲寺に設置した。

そして松田憲秀の進言どおり、秀吉は四月一日から石垣山の松林の山中に兵を入れて陣屋を作り、矢倉を組み立てて四方の壁面に杉原紙を張りめぐらして、一夜の内に白壁の屋形が出来たように見せかけた。秀吉はそこに入り、視界をさえ切っていた松の枝を切り払った。突然出現した小田原を眼下に見渡せる石垣山（笠懸山）に、一夜にして城を構築したかの如くに見えた山城に、小田原勢は肝をつぶして驚いた。

松田氏が秀吉に内通した事情には、次のような内情も含有されているのではなかったかともいわれている。

北条の重臣松田憲秀の長男で、笠原家の養子になった笠原新六郎政堯《まさたか》がいる。先年、伊豆国の戸倉城の大将として務めていた時、武田勢が戸倉城を攻めて分捕りや手柄を立てることが度々あった。このことを氏直がきいて「大将の力不足で配下の兵たちも臆病になって後れをとっている」といったことを笠原新六郎が耳にして無念に思い、先祖代々の主君である北条に謀反を起し、自分の城に武田勢を入れてしまった。

その後武田勝頼は滅んで、北条氏は戸倉城に入っていた武田勢を残らず討ち取った。新六郎は降参したが、父尾張守憲秀の代々北条氏への忠功によって新六郎の命は助けられ、新六郎は出家。一時は父の所領した川村（足柄上郡山北町）辺りを流浪していたが、また父と共に謀反し、小田原を滅亡させようとしたのである。

そして六月十四日の晩、尾張守憲秀は、笠原新六郎、二男の松田左馬助秀治、三男弾三郎などと酒食を共にして、憲秀と新六郎が「明日豊臣軍の長岡越中守忠興、池田三左衛門輝政、堀久太郎秀政の豊臣方の軍勢をわれらの陣所に引き入れたいと思う」と伝えた。

これをきいた憲秀の二男左馬助秀治は、「どうしてそのようなことをするのか、代々仕えた主家を滅ぼすような考えは止めるべきだ」と諫めた。

しかし父憲秀も新六郎も怒って「貴公らがこの世に生きていてほしいと願うからだ。親不孝な口のききかたではないか」と立腹した。

左馬助秀治は、とても思い止どまらせることは出来ないと考えて、結論を先に延ばそうと判断して、「ならば賛成しよう。しかし十五日は不成就日《ふじょうじゅにち》に当たるから十六日の夜に決行した方がよいと思う」と伝えると、居合わせた人々も、「それがよい」といって引き延ばした。

だが尾張守憲秀は、用心して左馬助秀治に監視役を付けたので、北条氏に知らせることが出来なかった。左馬助秀治は、心の中では「主君へ忠義を守ろうとすれば、父へ五逆の罪を犯す。父への孝行を尽そうとすれば、代々仕えてきた主君を滅ぼし、関八州の軍兵を死に追いやることにもなる。結局忠義を全うし、孝行を兼ね合わせて尽すしかない」と考えた末、風邪をひいたといって、寝室にこもり、側近の小姓を呼んで左馬助秀治は鎧《よろい》箱に入り、小姓にかつがせて城に入った。

そして、鎧箱から出た左馬助秀治は、北条氏に父たちの命を助けて貰う条件で、憲秀たちの謀反を伝えた。

氏政、氏直は驚き、左馬助秀治に感謝して、早速江雪斉を使者に松田尾張守憲秀、新六郎を呼び寄せ、江雪斉を通じて豊臣に手引きする不義の企てを訊問した。しかし尾張守憲秀は「豊臣方間者の言いふらしたことでしょう」と弁明したが、江雪斉が「貴公の子息左馬助秀治が知らせてくれたことなのだ」と伝えると、尾張守憲秀は赤面したままだった。そして尾張守憲秀父子を一室に閉じ込めて見張を付けた。

その後、尾張守憲秀が豊臣方に寝返った行為は旧臣のすることではないと、父子は殺された。

一方、氏康の四男韮山城主の北条美濃守氏規は、小田原へ来て豊臣方徳川家康と、具体的な和平の相談を重ねていた。そして、「武蔵・相模・伊豆の三か国を北条氏の領有として認めるので、氏直は京都に出仕する」といった内容で、豊臣方と北条方は和平することが決まった。そして「氏直は秀吉に対面の際は側近の者だけ伴って参上する」という条件を北条は受け入れ、七月六日に和平交渉が成立した。

このことにより七月七日から九日まで三日間に亘って小田原籠城の人たちを城外へ出し、北条方の諸大名に至るまで命運尽きたのである。

七月九日氏政と氏照は城を出て医者の田村安清《あんせい》の宿所に移ったが、十一日の晩になって、「石川備前（貞清）、牧田権之助（広定）、佐々淡路（行政）、堀田若狭守（一継）、榊原式部大輔（康政）を検見役として切腹するように」と命令が下だった。

氏政、氏照は思いがけない展開に「いったいどういうことだ。騙された」と叫んだがどうにもならなかった。

関八州の軍勢を味方に持ちながら一戦も交えることなく死ぬのは死後の恥、無念であると悔やんだ。

北条氏政五十三歳、従四位下左京大夫平朝臣、截流軒《せつりゅうけん》と号す。氏照は陸奥守従五位下平朝臣、心源院と号す。氏政は自害する時に辞世の一首を残している。

吹くとふく風な恨みそ花の春
　もみぢの残る秋あればこそ

「吹きに吹く風を恨んではいけない。花の咲く春やもみじの散り残る秋はまたあるのだから（厳しい現在の命運を嘆いてはならない。またよいときもあるのだから）」

氏政、氏照の兄弟が自害した時、弟の美濃守氏規が介錯して二人の首を斬り落とした。そして氏規は、その場で自害して二人の後を追おうとしたが、井伊兵部（直政）が氏規を抱き止めて助けた。

天正十八年（一五九〇）庚寅《かのえとら》七月十一日、この日はいみじくも七十四年前の永正十三年（一五一六）丙子《ひのえね》七月十一日北条早雲によって攻撃を受けて、立て籠っていた三浦の新井城の門を開いて打って出て激しく戦い、三浦義同（道寸）は脇差で腹をかき切って討死、大森越前守、佐保田河内守、三須三河守など、それぞれに枕を並べた。荒次郎義意二十一歳は自ら首をかき落として果てた同じ月日であった。

氏政・氏照兄弟の死によって、早雲が大森氏を攻めて小田原を手中にした明応四年（一四九五）二月から、早雲・氏綱・氏康・氏政・氏直と五代に亘りおよそ百年、領民への思いを及ぼし支持を得て諸施策を行い、鎌倉を凌ぐ規模で繁栄した、東西五十町（五・五粁）南北七十町（七・四粁）周囲五里（二十粁）の広大な規模をもった小田原城と共に命運尽きた小田原北条氏は、ここに滅んでいったのである。

関係氏族の系図

(1) 源氏系図（清和源氏）

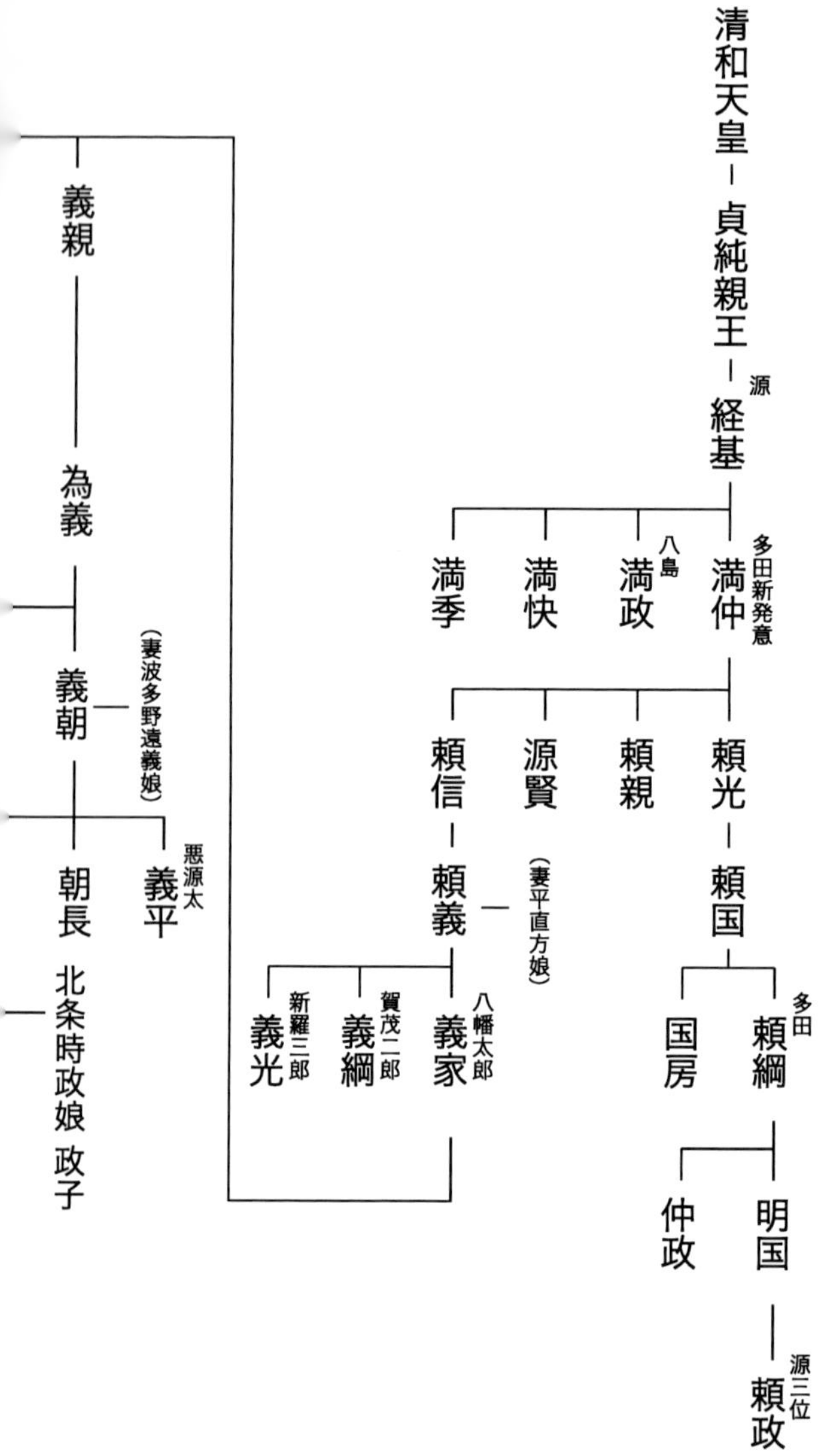
清和天皇
貞純親王
源
経基
多田新発意
満仲
八島
満政
満快
満季
頼光
頼親
源賢
頼信
頼国
頼義
（妻平直方娘）
多田
頼綱
国房
八幡太郎
義家
賀茂二郎
義綱
新羅三郎
義光
明国
仲政
源三位
頼政
義親
為義
義朝
（妻波多野遠義娘）
悪源太
義平
朝長
北条時政娘 政子

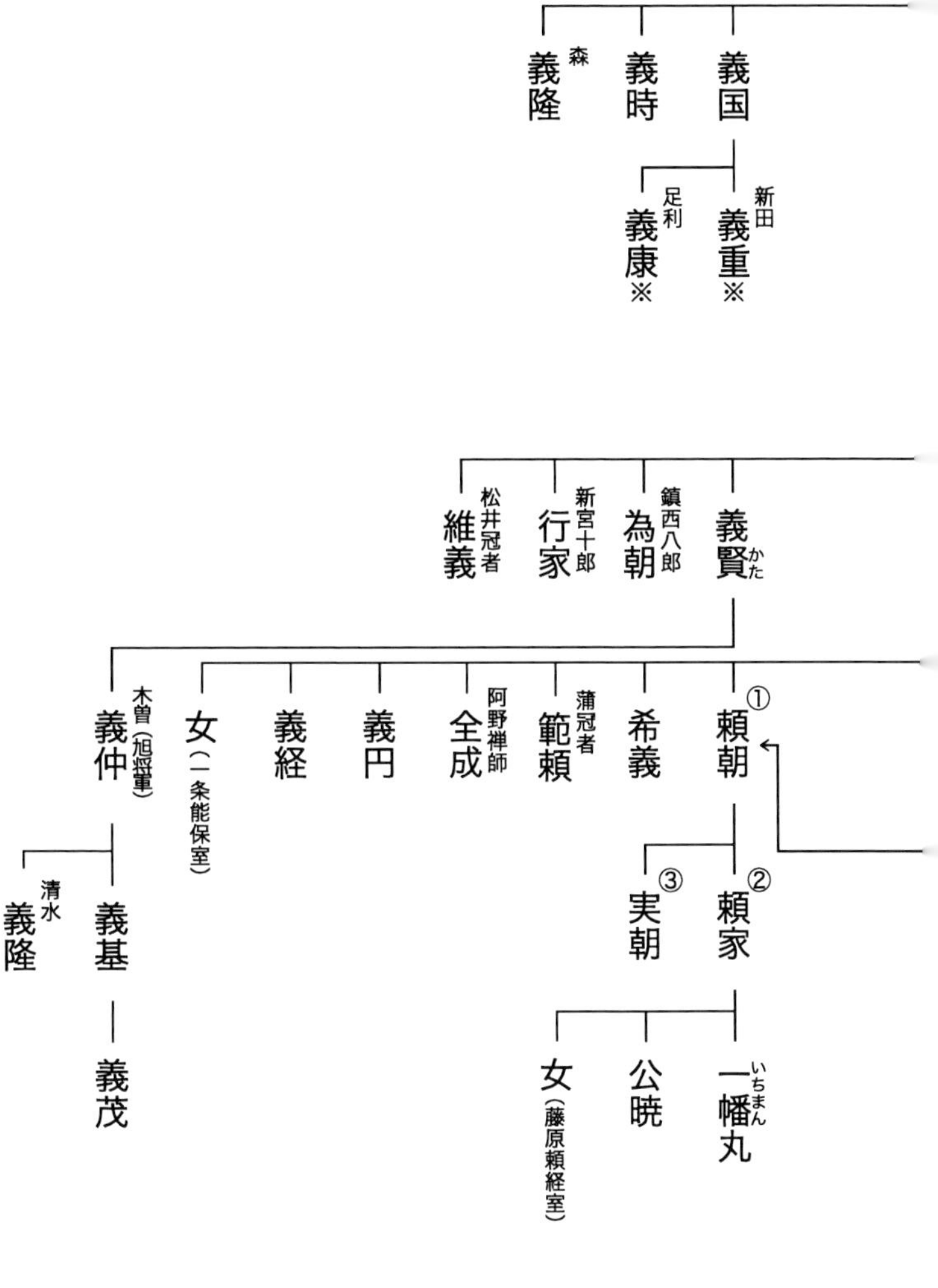
義国
義時
森 義隆
新田 義重※
足利 義康※
義賢《かた》
鎮西八郎 為朝
新宮十郎 行家
松井冠者 維義
① 頼朝
希義
蒲冠者 範頼
阿野禅師 全成
義円
義経
女（一条能保室）
木曽 義仲（旭将軍）
② 頼家
③ 実朝
義基
清水 義隆
義茂
一幡《いちまん》丸
公暁
女（藤原頼経室）

(2) 北条氏系図（桓武平氏）

桓武天皇—葛原親王—高見王—平 高望《たかもち》—国香—平貞盛

平貞盛
- 維将—維時—直方（道）
  - 維方—盛方—熊谷 直貞—直実—直家
  - 聖範—時直—北条 時家—時方—①北条 時政—
  - 女（源頼義室）
- 維衡—正度
  - 貞季—兼季—盛兼—信兼—山木 兼隆
  - 季衡—盛光—盛行—頼宗—頼俊—伊勢 俊経—俊継—
  - 正衡—正盛—忠盛
    - 太政大臣 清盛
      - 重盛—維盛—妙覚
      - 知盛
      - 重衡
    - 忠度

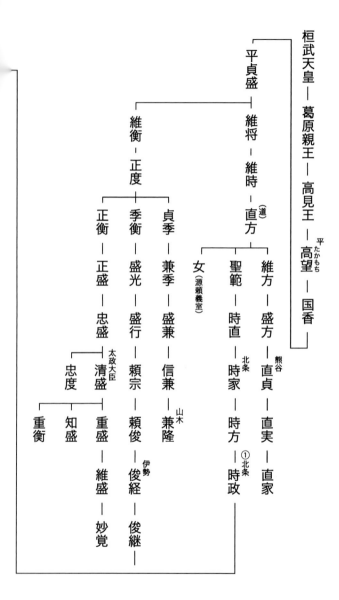

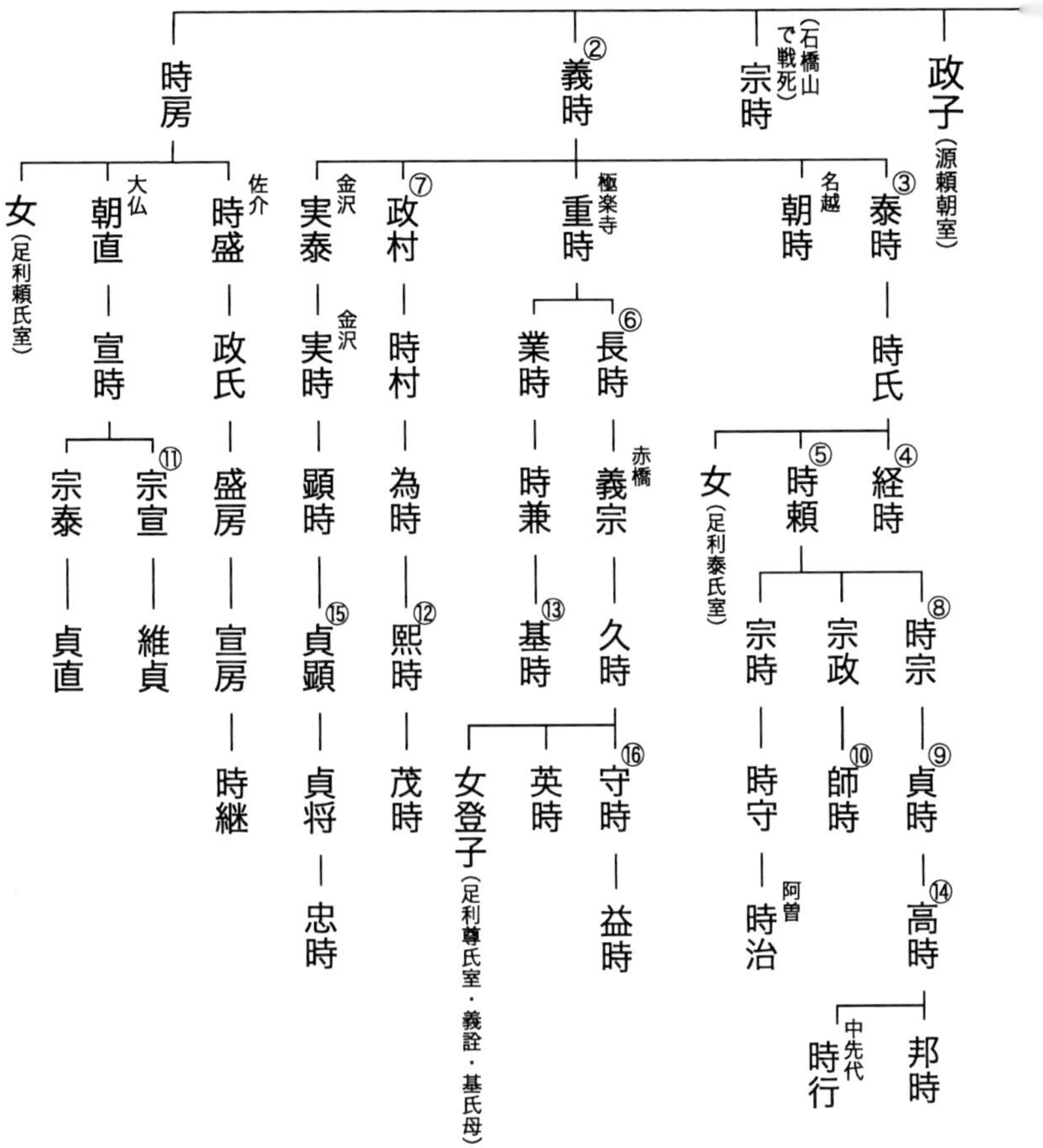

政子（源頼朝室）
（石橋山で戦死）宗時
②義時
時房
③泰時
時氏
④経時
⑤時頼
女（足利泰氏室）
⑧時宗
⑨貞時
⑭高時
邦時
中先代 時行
宗政
⑩師時
宗時
時守
阿曽 時治
名越 朝時
極楽寺 重時
⑥長時
赤橋 義宗
久時
⑯守時
益時
英時
女登子（足利尊氏室・義詮・基氏母）
業時
時兼
⑬基時
⑦政村
時村
為時
⑫熙時
茂時
金沢 実泰
金沢 実時
顕時
⑮貞顕
貞将
忠時
佐介 時盛
政氏
盛房
宣房
時継
大仏 朝直
宣時
⑪宗宣
維貞
宗泰
貞直
女（足利頼氏室）

(3) 三浦一族系図（桓武平氏）

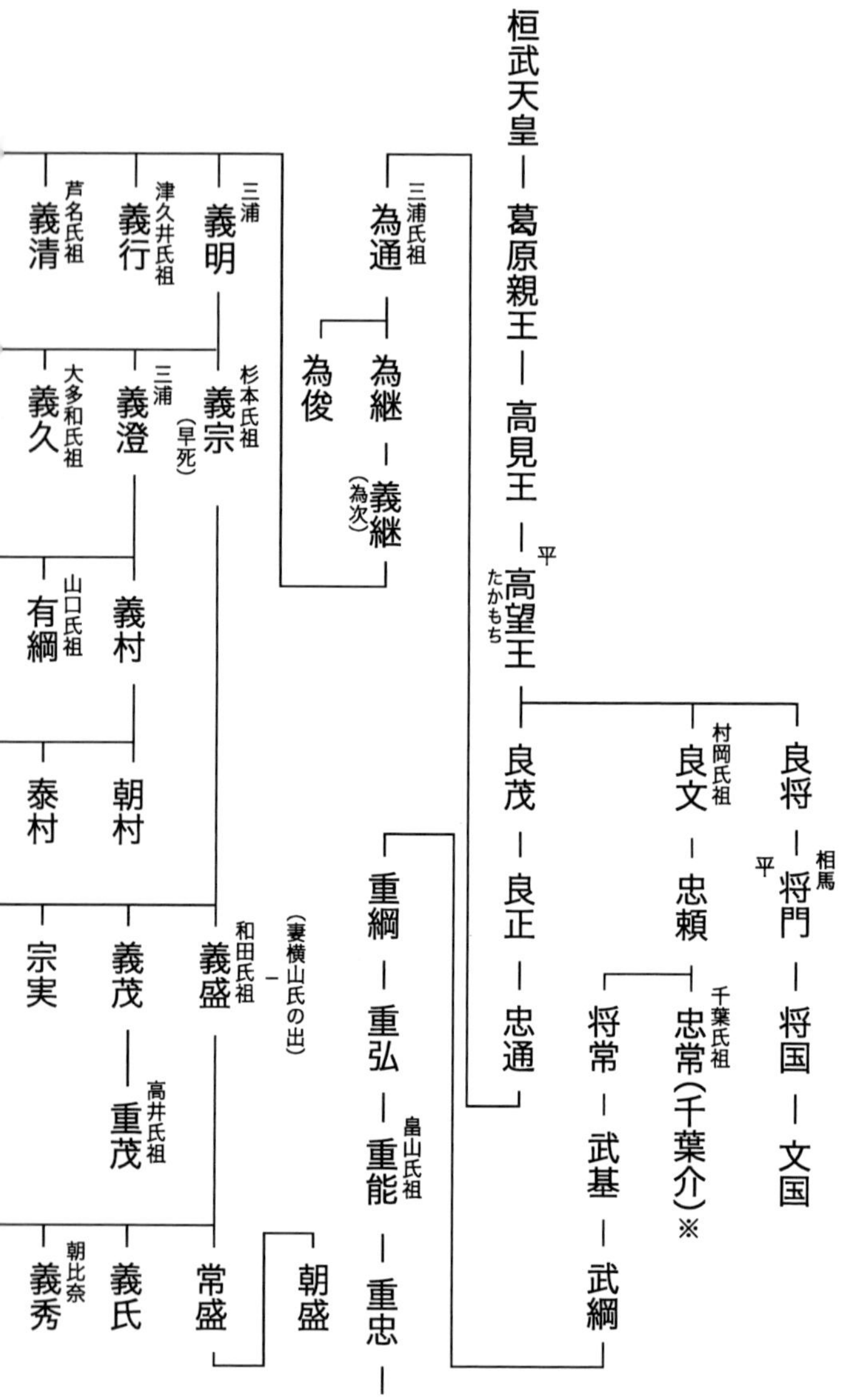

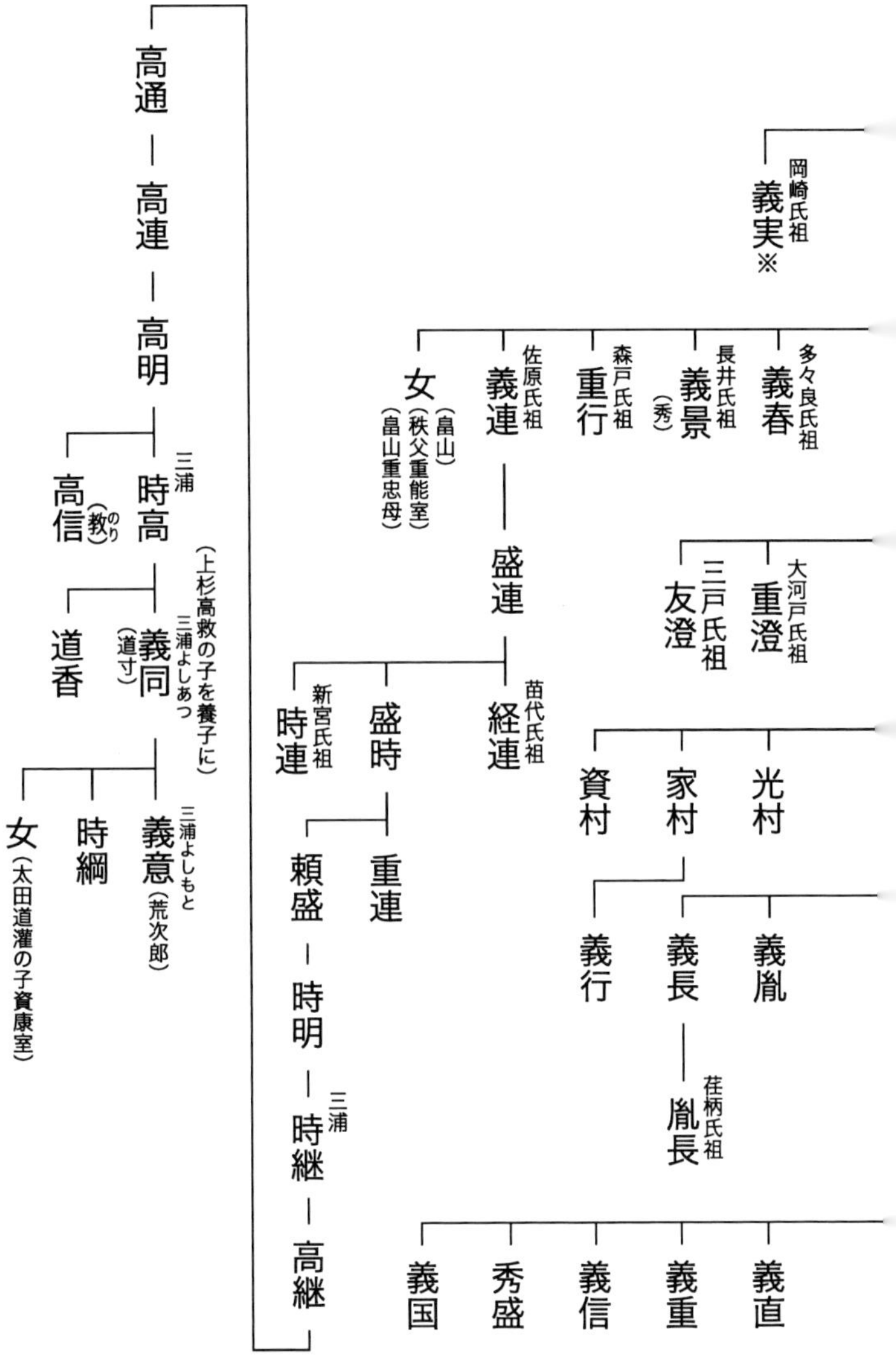

岡崎氏祖 義実※
多々良氏祖 義春
長井氏祖 義景（秀）
森戸氏祖 重行
佐原氏祖 義連
女（畠山）（秩父重能室）（畠山重忠母）
盛連
苗代氏祖 経連
盛時
新宮氏祖 時連
重連
頼盛
時明
三浦 時継
高継
大河戸氏祖 重澄
三戸氏祖 友澄
光村
家村
資村
義胤
義長
義行
荏柄氏祖 胤長
義直
義重
義信
秀盛
義国
高通
高連
高明
三浦 時高（上杉高救の子を養子に）
高信（教《のり》）
三浦よしあつ 義同（道寸）
道香
三浦よしもと 義意（荒次郎）
時綱
女（太田道灌の子資康室）

⑷ 岡崎氏系図（桓武平氏）

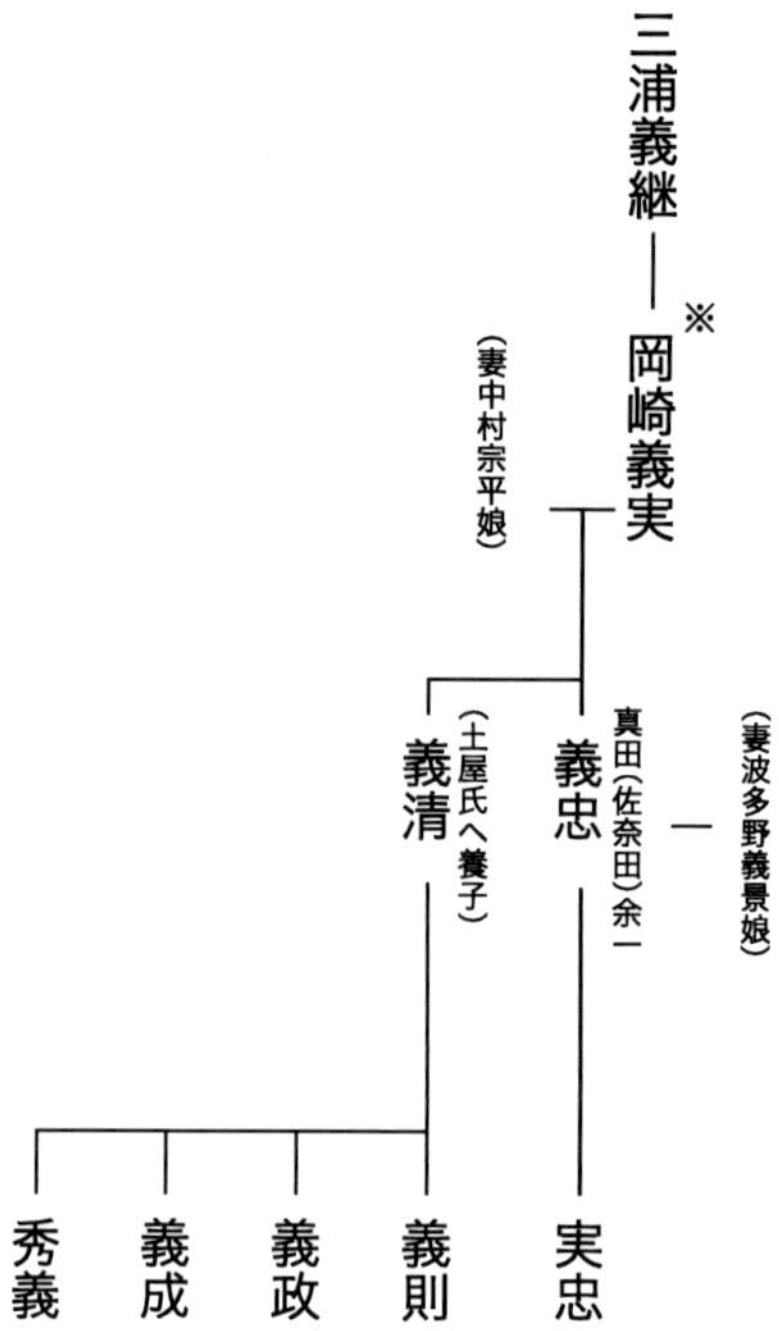

三浦義継
※
岡崎義実
（妻中村宗平娘）
（妻波多野義景娘）
真田（佐奈田）余一
義忠
（土屋氏へ養子）
義清
実忠
義則
義政
義成
秀義

⑸ 中村氏系図（桓武平氏）

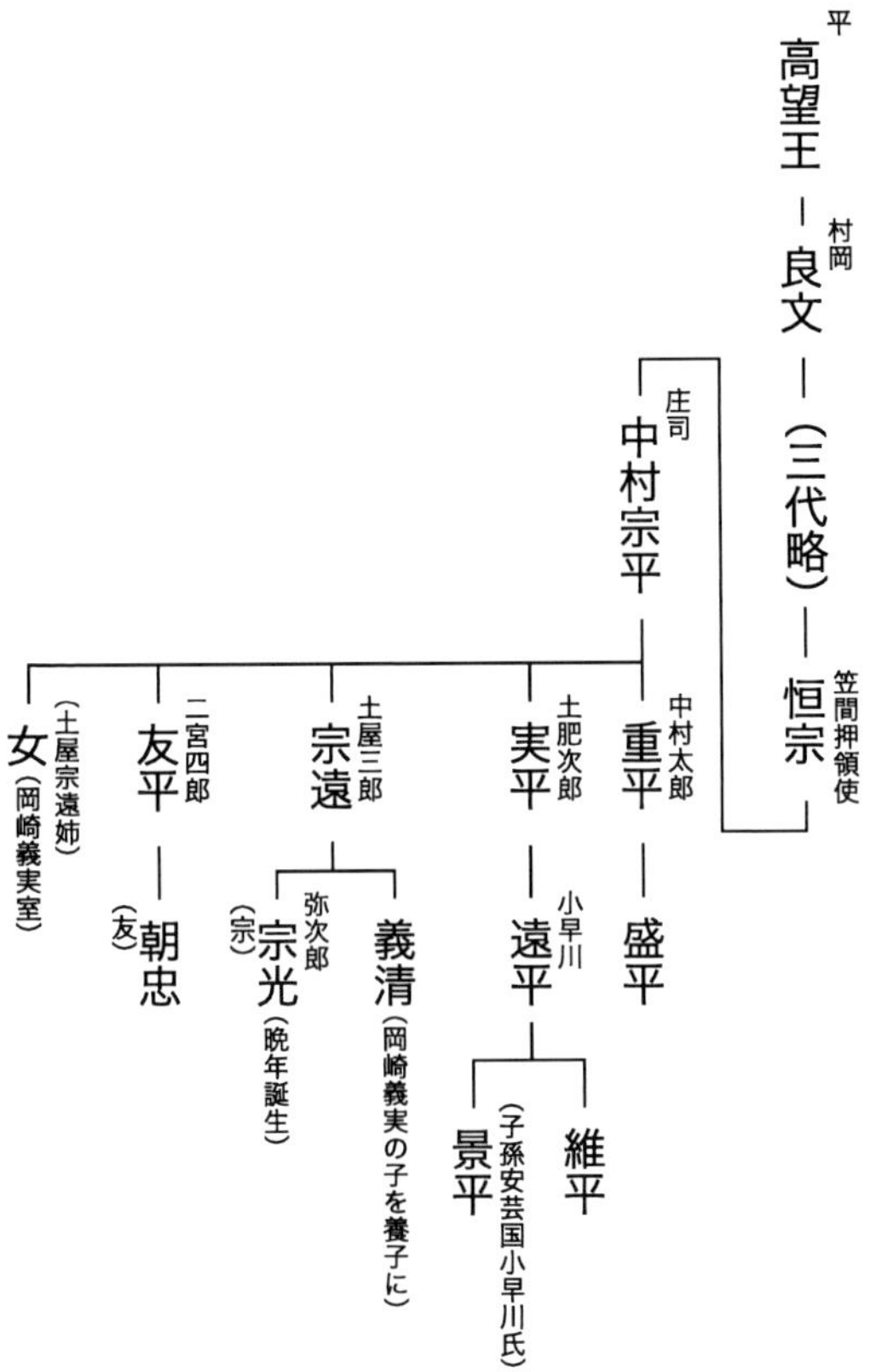
平
高望王
村岡
良文
（三代略）
笠間押領使
恒宗
庄司
中村宗平
中村太郎
重平
盛平
土肥次郎
実平
小早川
遠平
維平
景平
（子孫安芸国小早川氏）
土屋三郎
宗遠
義清
（岡崎義実の子を養子に）
弥次郎
宗光
（宗）
（晩年誕生）
二宮四郎
友平
朝忠
（友）
女
（土屋宗遠姉）
（岡崎義実室）

(6) 渋谷・畠山氏系図（桓武平氏）

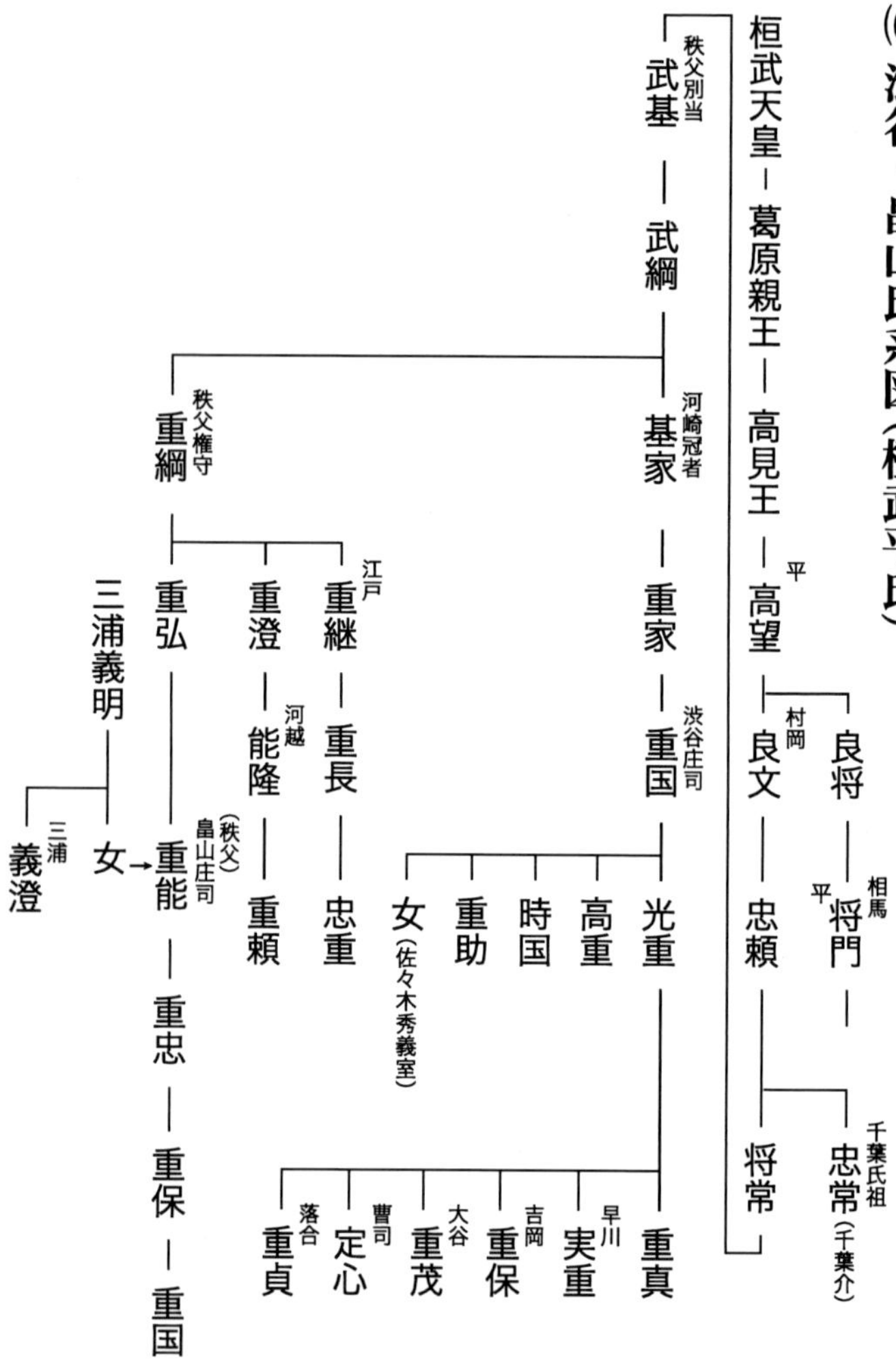

(7) 千葉氏系図（桓武平氏）

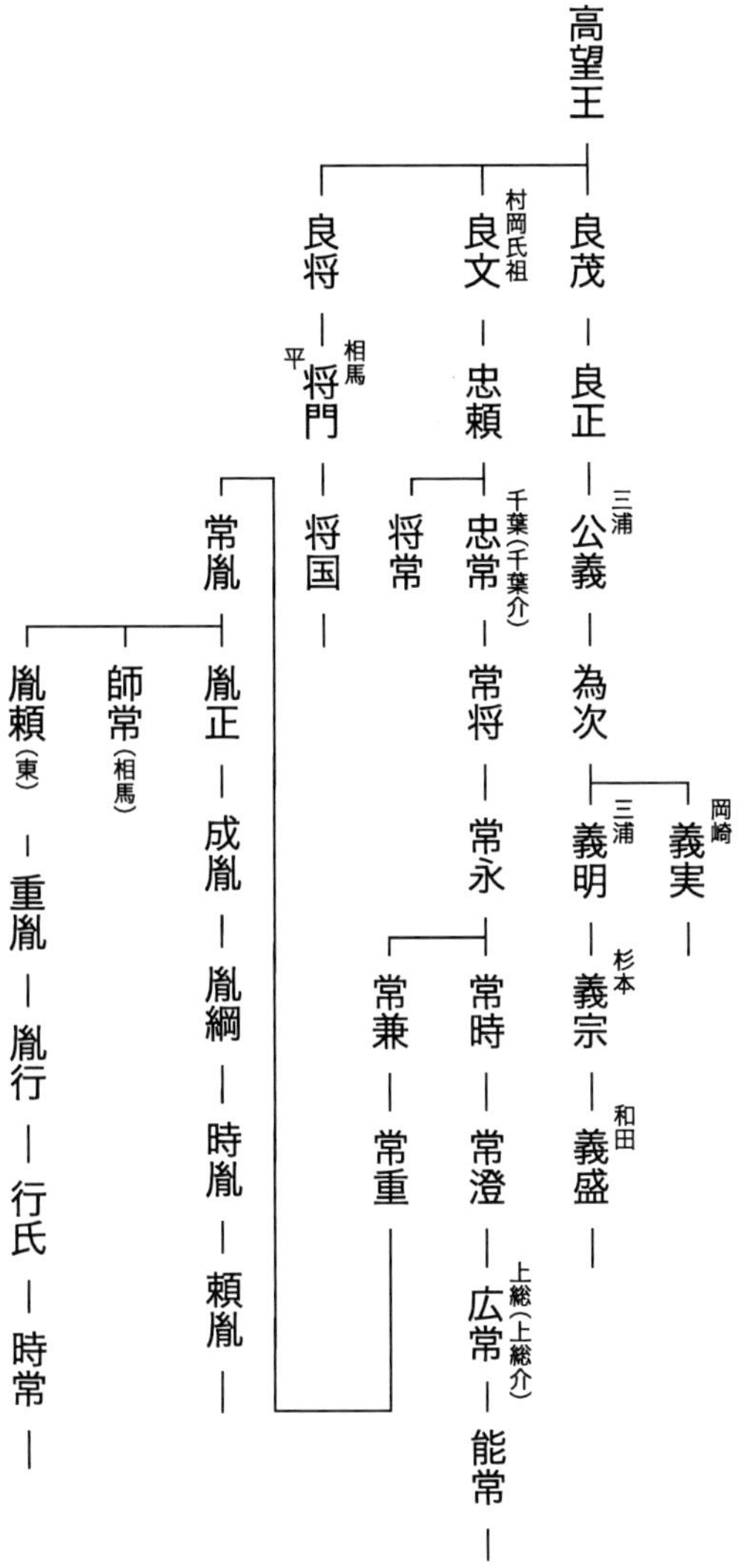

高望王
良茂
良正
三浦
公義
為次
三浦
義明
杉本
義宗
和田
義盛
岡崎
義実
村岡氏祖
良文
忠頼
千葉（千葉介）
忠常
常将
常永
常時
常澄
上総（上総介）
広常
能常
常兼
常重
将常
良将
相馬
平
将門
将国
常胤
胤正
成胤
胤綱
時胤
頼胤
師常（相馬）
胤頼（東）
重胤
胤行
行氏
時常

⑻ 大庭・梶原氏系図（桓武平氏）

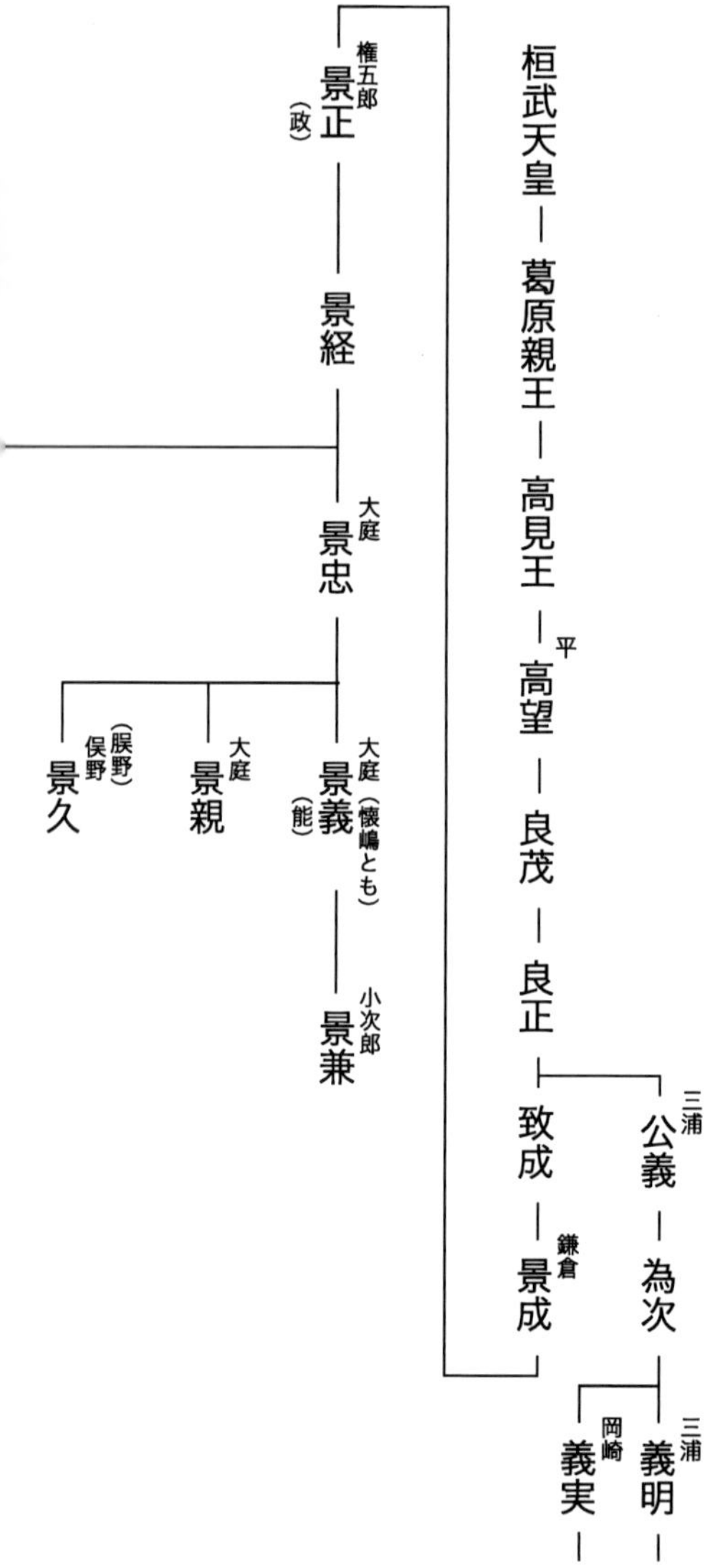

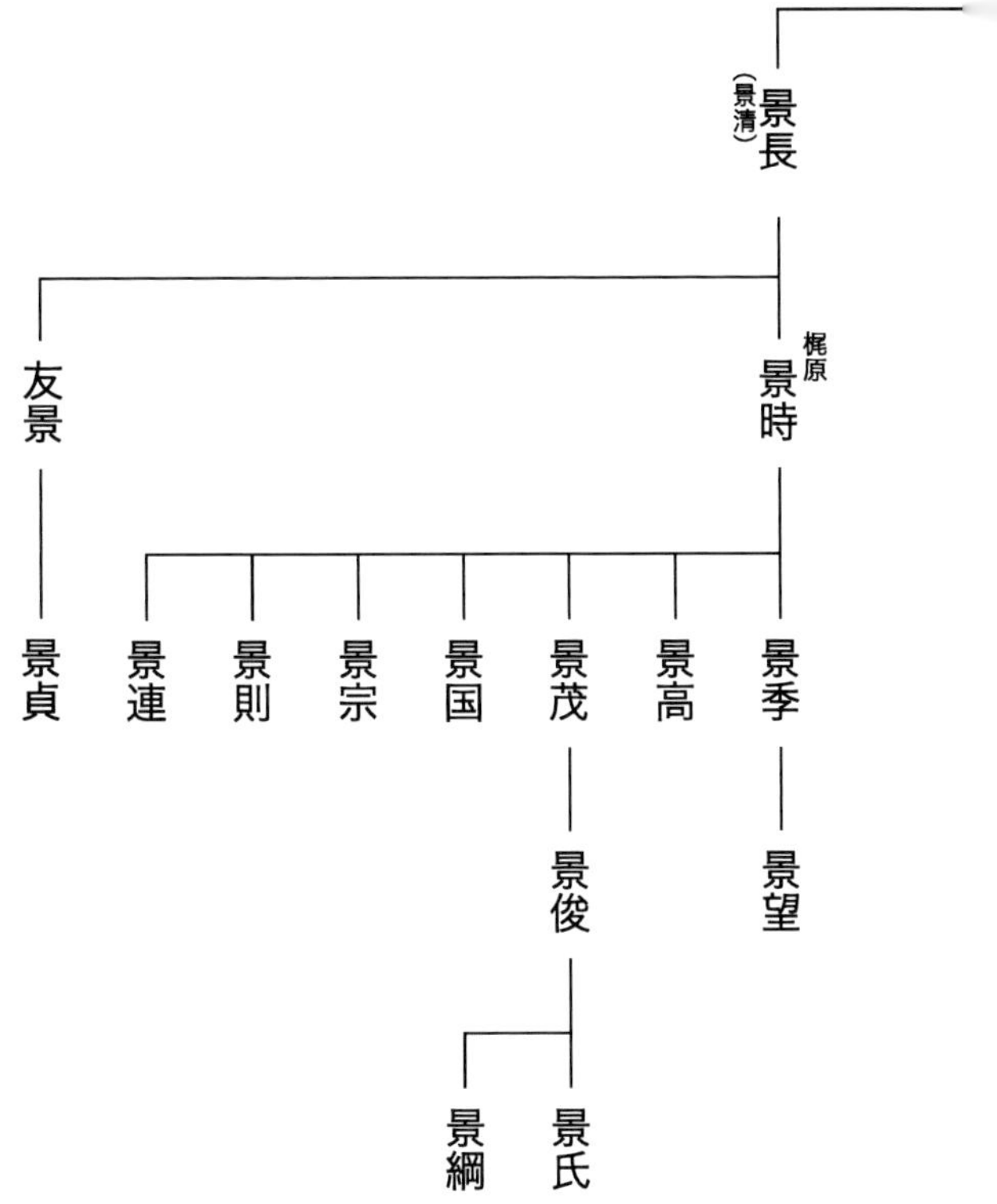

景長
（景清）
梶原
景時
友景
景季
景高
景茂
景国
景宗
景則
景連
景貞
景望
景俊
景氏
景綱

⑼ 波多野氏系図（中臣・藤原氏）

天児屋根命 ― 鎌子（中臣） ― 黒田 ― 常磐 ― 可多能祜 ― 御食子 ― 鎌足（藤原） ― 不比等
- 武智麿（南家）
- 房前（北家）
  - 藤原魚名（右大臣） ― 藤成 ― 豊沢 ― 村雄 ― 秀郷（武蔵守 藤原）（俵藤太）
    - 千時 ― （四代略） ― 清衡（奥州藤原） ― 基衡 ― 秀衡
    - 千常 ― 文脩 ― 文行 ― 公光（相模守）
      - 経範 ― 経秀 ― 秀遠 ― 遠義
        - 義通（波多野次郎）
          - 義経（常）（松田氏祖） ― 有経（常） ― 政基

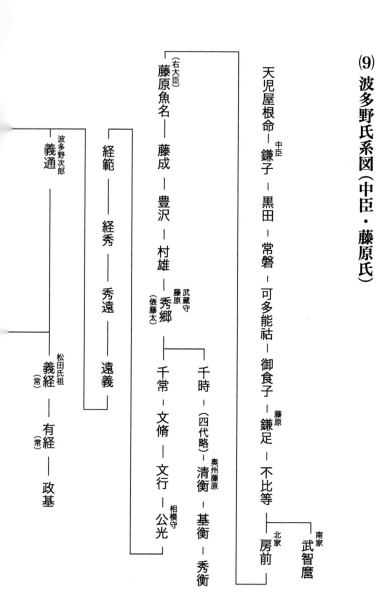

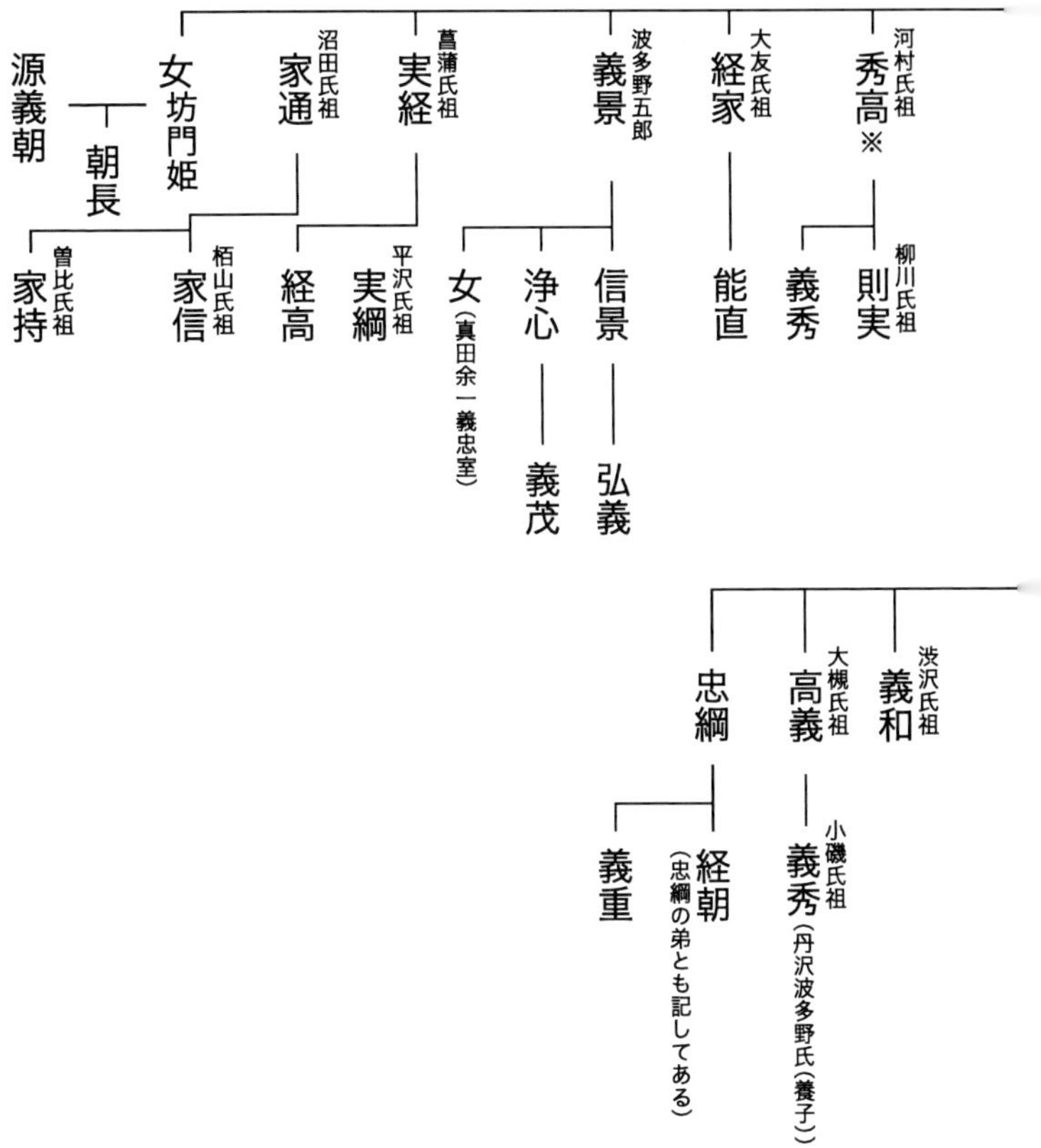
河村氏祖
秀高※
柳川氏祖
則実
義秀
大友氏祖
経家
能直
波多野五郎
義景
信景
弘義
浄心
義茂
女
（真田余一義忠室）
菖蒲氏祖
実経
平沢氏祖
実綱
経高
沼田氏祖
家通
栢山氏祖
家信
曽比氏祖
家持
女坊門姫
朝長
源義朝
渋沢氏祖
義和
大槻氏祖
高義
小磯氏祖
義秀
（丹沢波多野氏（養子））
忠綱
経朝
（忠綱の弟とも記してある）
義重

⑽ 松田氏系図

波多野遠義
- 波多野次郎 義通 ― 松田左馬允《すけ》 義経（常） ― 有経（常） ― 政基 ― 政綱 ― 綱泰 ― 政経 ― 頼重（成） ― 左衛門尉 頼秀
  - 尾張守・左馬助 顕秀（盛） ― 尾張守 憲秀（康）
    - 笠原新六郎 秀範（政尭）
    - 左馬助 秀治（直憲）
    - 弾三郎 秀也
    - 女（内藤左近太夫室）
  - 筑前守 康定
    - 兵衛太夫 康長 ― 助六郎 直長
    - 肥後守 康江（秀郷） ― 弥太郎・六郎左衛門 定勝
- 河村 秀高※
- 大友 経家
- 波多野五郎 義景
- 菖蒲 実経
- 沼田 家通
- 女（源義朝） ― 朝長

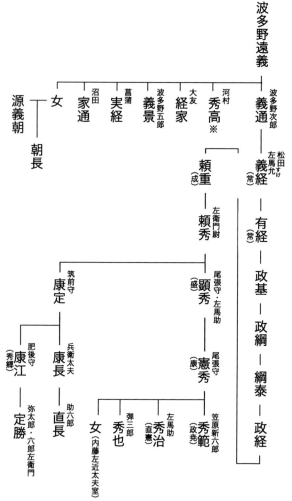

⑾河村氏系図

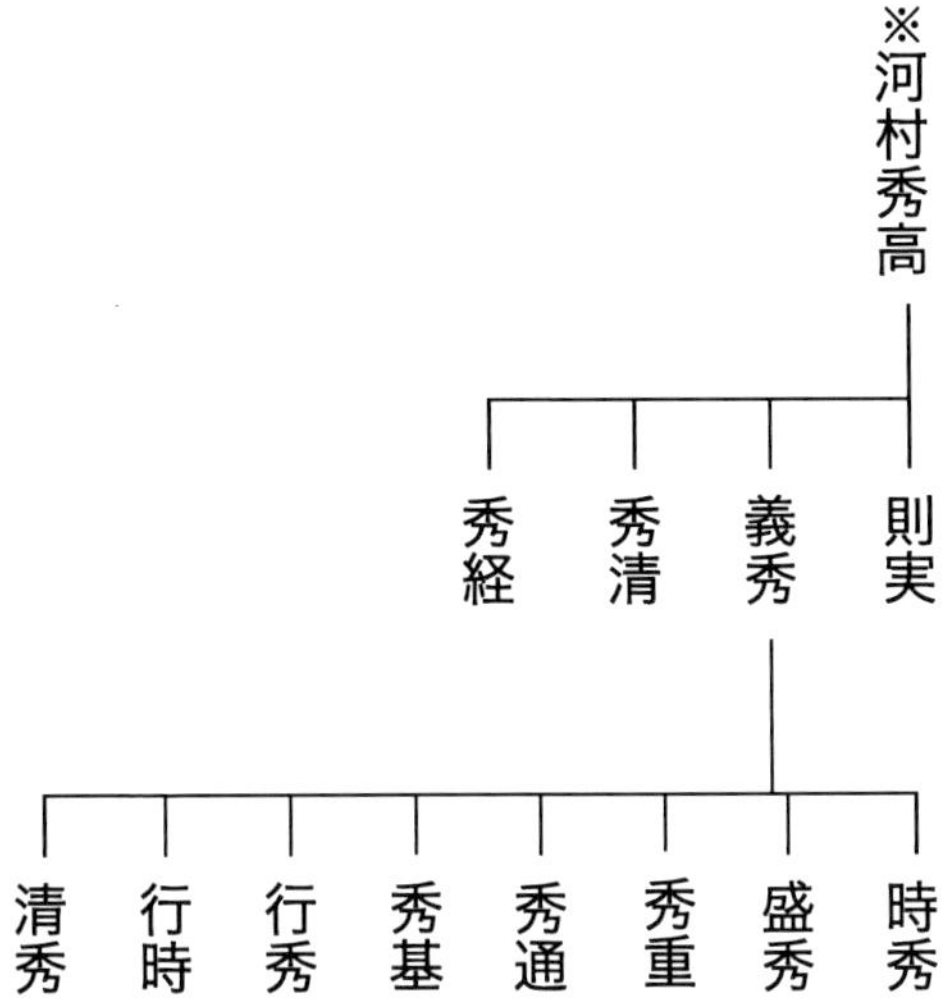

⑿ 横山党系図（小野氏）

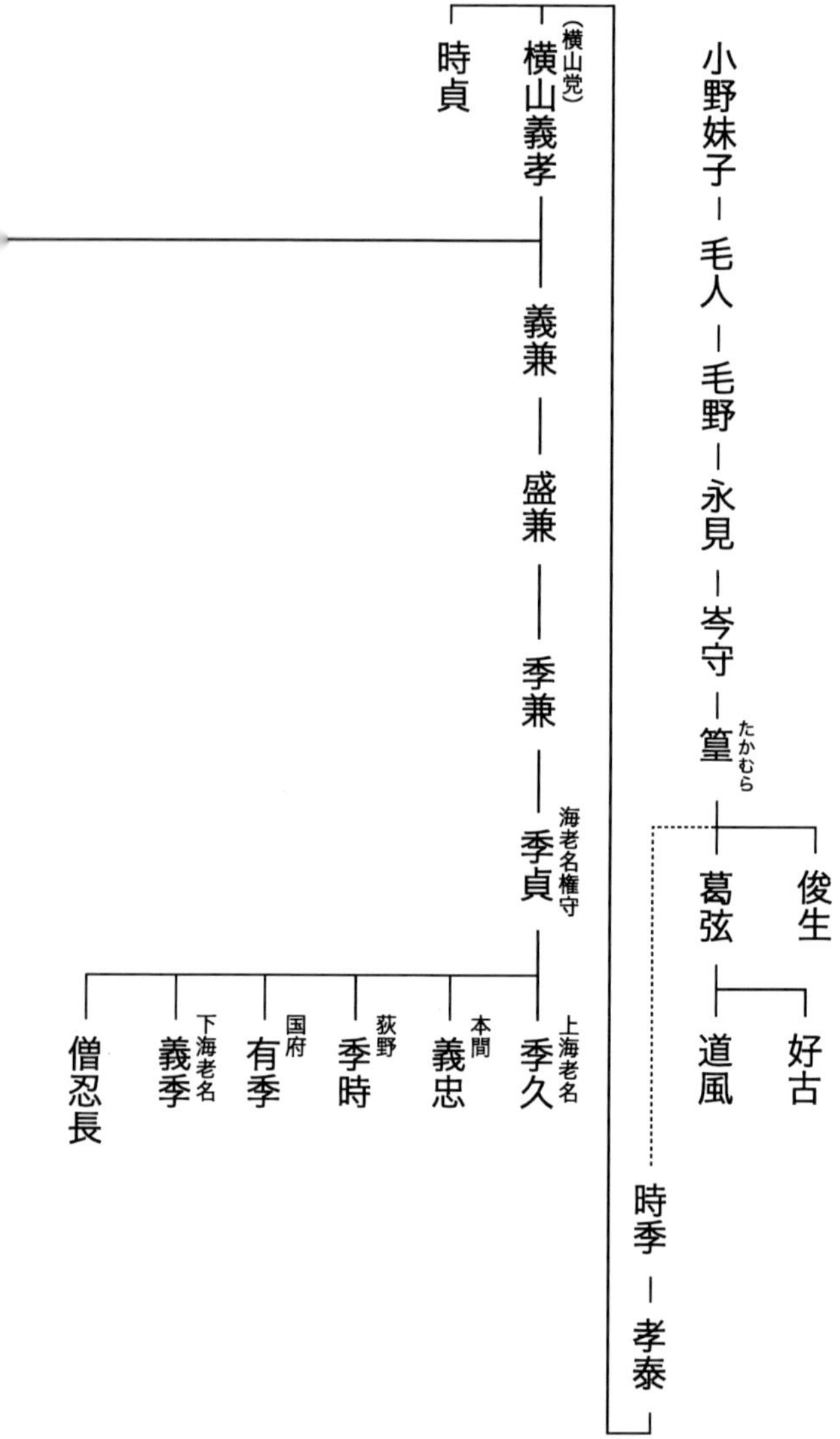

小野妹子
毛人
毛野
永見
岑守
篁《たかむら》
俊生
葛弦
好古
道風
時季
孝泰
（横山党）
横山義孝
時貞
義兼
盛兼
季兼
海老名権守
季貞
上海老名
季久
本間
義忠
荻野
季時
国府
有季
下海老名
義季
僧忍長

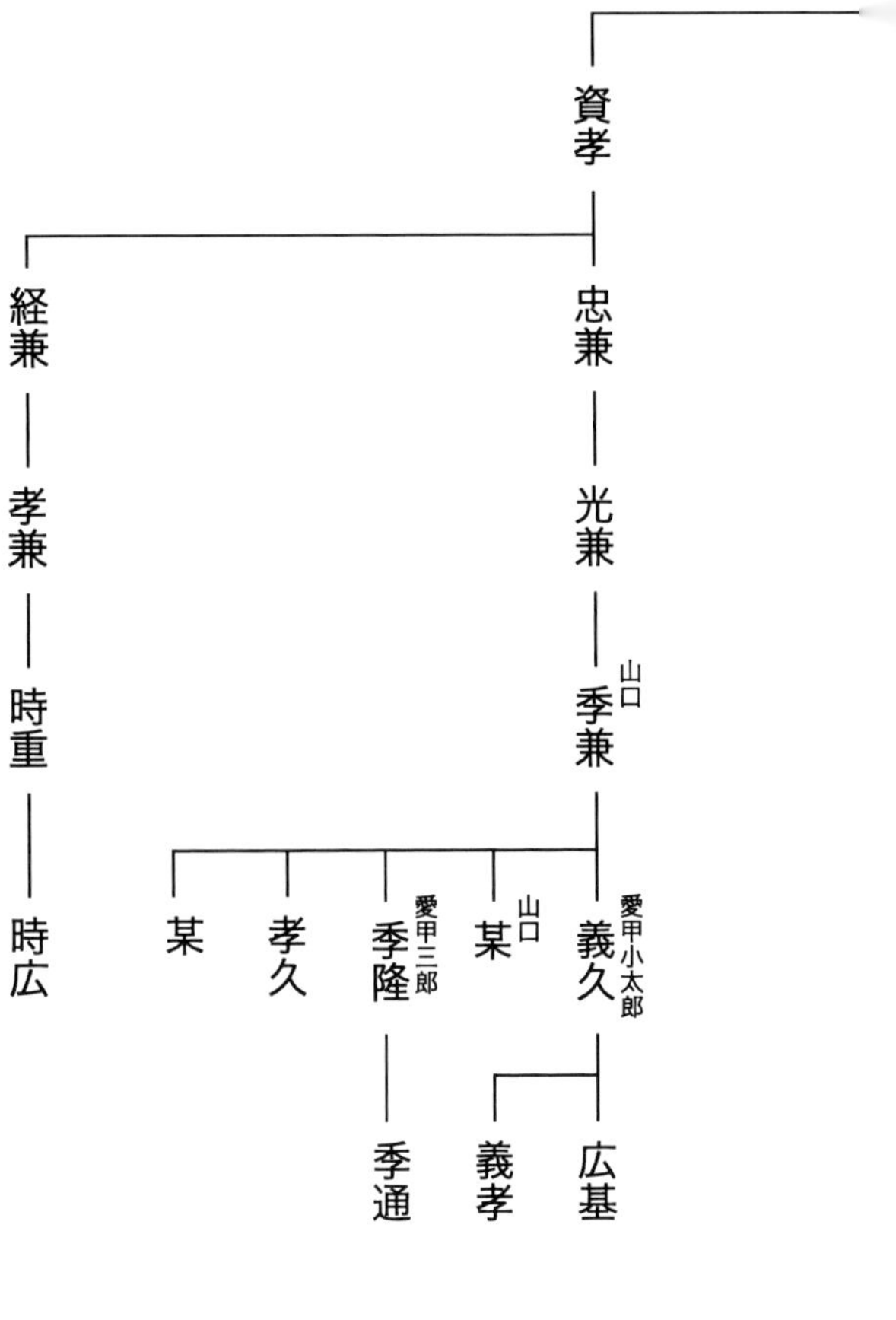
資孝
忠兼
経兼
光兼
孝兼
山口
季兼
時重
時広
愛甲小太郎
義久
山口
某
愛甲三郎
季隆
孝久
某
広基
義孝
季通

⒀ 上杉氏系図（藤原氏）

藤原鎌足―不比等―房前（北家）―（二代略）―冬嗣

冬嗣―良房―（四代略）―道隆

冬嗣―良門

良門―利基―（三代略）―紫式部

良門―高藤

高藤―定方

高藤―胤子

定方―朝頼―為輔（甘露寺）―説孝―（六代略）―重房（上杉）

為輔―惟孝

重房―頼重―重顕―朝定―顕定（扇家）―氏定―持朝（扇家）（家）

氏定―持定

頼重―憲房（山内）

憲房―重能（山内）―能憲―憲孝

憲房―憲藤（犬懸）―朝宗―氏憲（禅秀）―憲顕―憲久

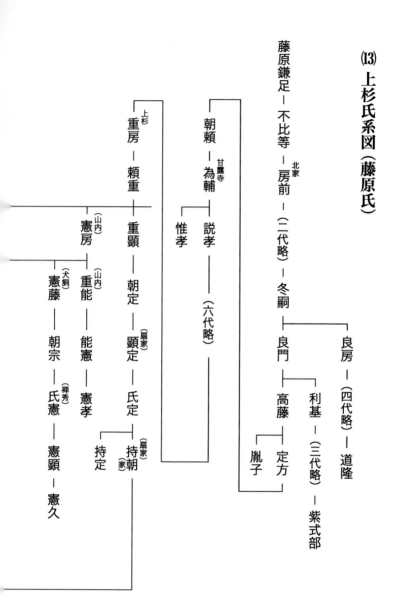

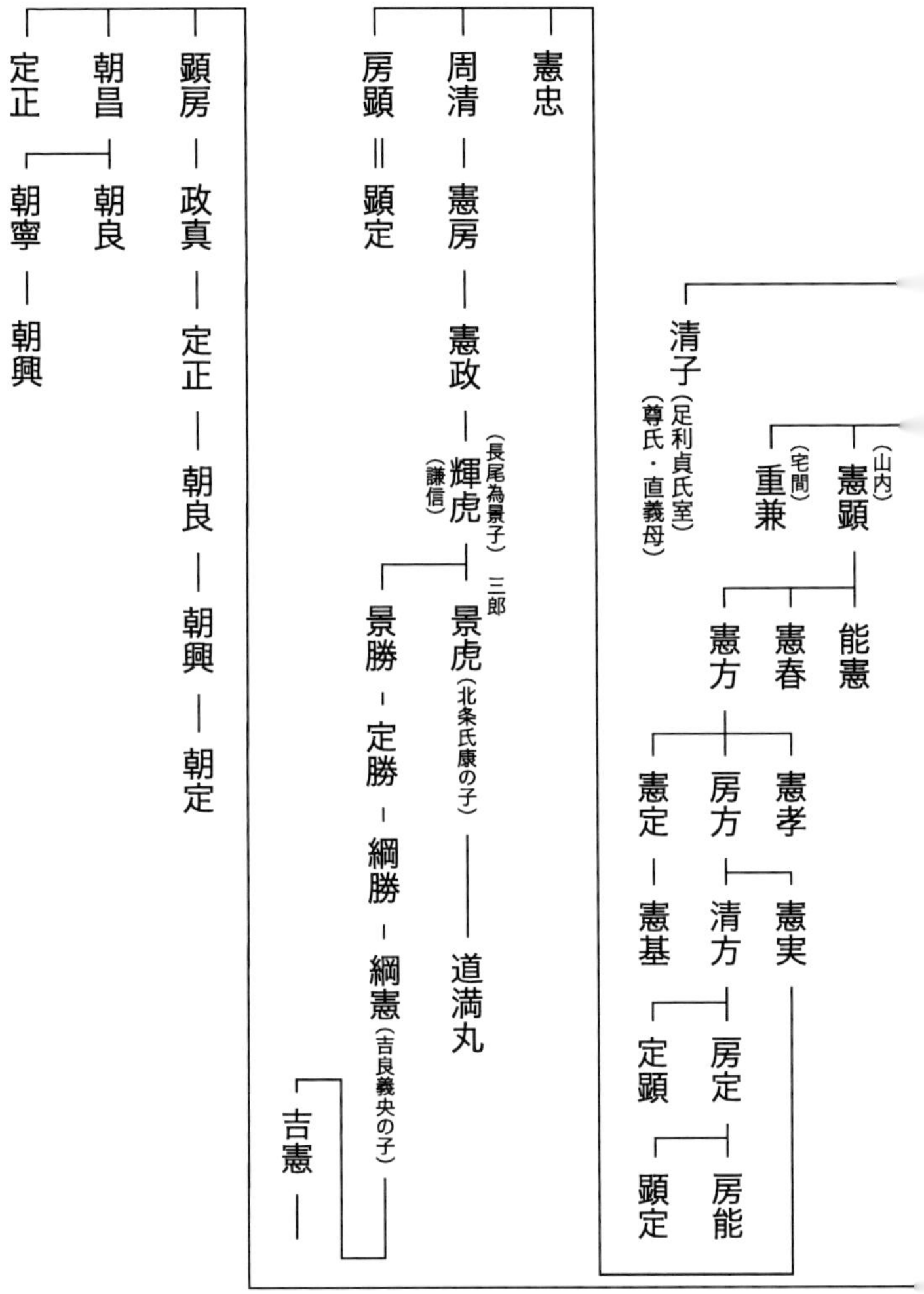
清子（足利貞氏室）（尊氏・直義母）
（山内）憲顕
（宅間）重兼
能憲
憲春
憲方
憲孝
房方
憲定
憲実
清方
憲基
房定
定顕
房能
顕定
憲忠
周清
憲房
憲政
輝虎（長尾為景子）（謙信）
景虎 三郎（北条氏康の子）
道満丸
景勝
定勝
綱勝
綱憲（吉良義央の子）
吉憲
房顕
顕定
顕房
政真
定正
朝良
朝興
朝定
朝昌
朝良
朝寧
朝興
定正

⒁ 大森氏系図（藤原氏）

藤原道隆 ― 伊周 ― 忠親（大森氏祖） ― 惟康（雅）

- 惟康
  - 惟兼（葛山氏祖）
    - 惟綱（黄加野氏祖）
    - 惟忠
      - 景忠（上田氏祖）
      - 惟重（御宿氏祖）
  - 新康
    - 親家 ― 頼忠
      - 行頼 ― 経頼 ― 惟頼 ― 頼顕 ― 藤頼 ― 頼明
        - 頼春
          - 明訓
          - 憲頼
        - 証実（箱根権現別当）
      - 忠季（蒔田氏祖）
    - 親清（大沼氏祖）
    - 蓮心（菅沼氏祖）
    - 親茂（神山氏祖）
    - 親隆（沓間氏祖）

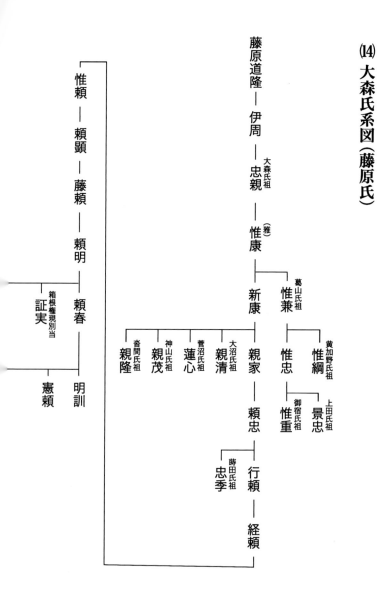

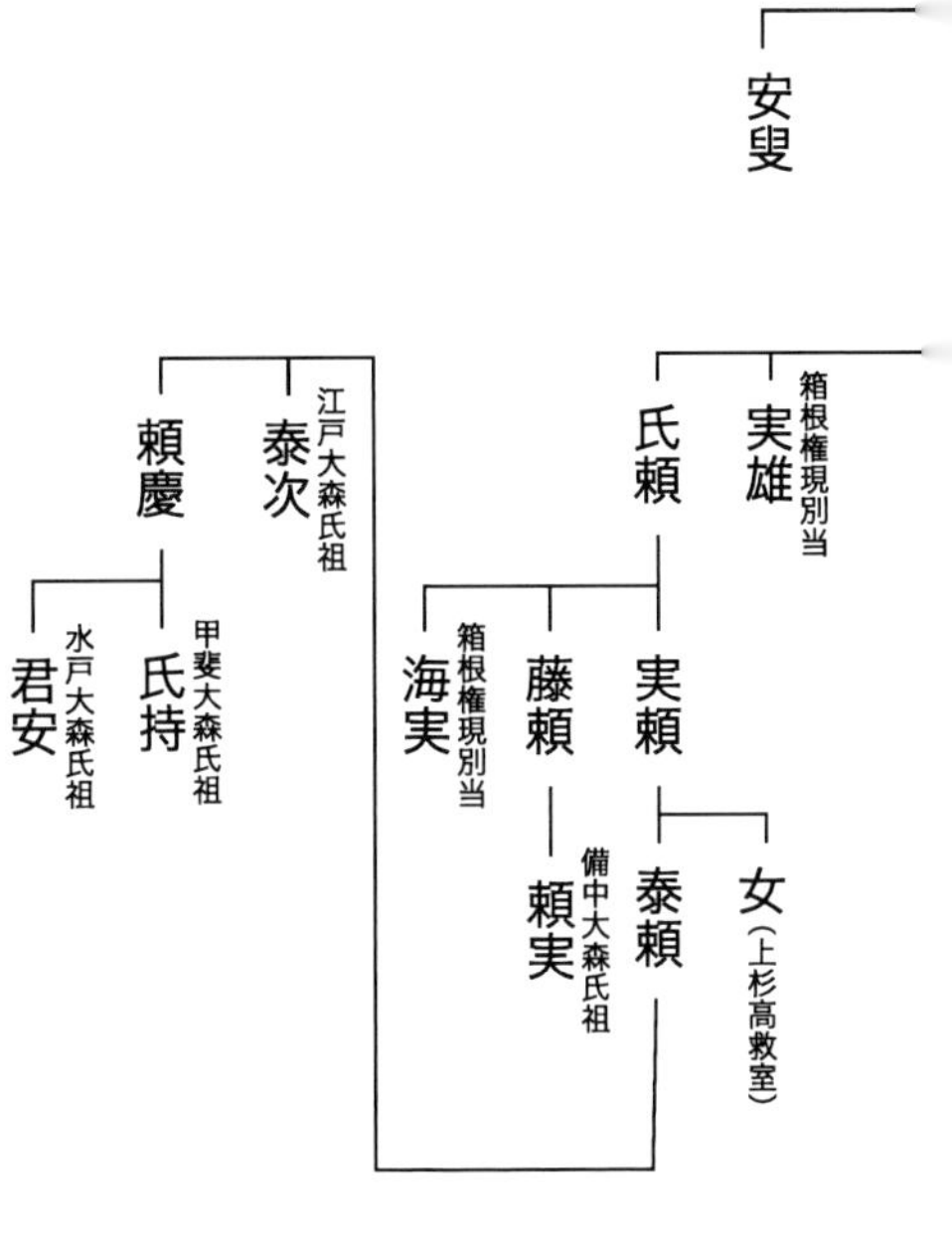

『小田原北条記（上）』によると、

⒂ 小田原北条氏系図（桓武平氏）1

桓武天皇 ―（一品）葛原親王 ― 上総介（平）高見王 ― 平 高望《たかもち》 ― 国香 ― 貞盛 ┬ 維将
　└ 維衡 ― 正度 ┬ 正衡 ―（二代略）― 平 清盛 ―
　　└ 季衡 ― 盛光

盛行 ― 頼宗 ― 頼俊 ― 俊経 ― 伊勢 俊継 ― 盛継 ― 盛経 ― 経久 ― 盛久 ― 盛綱 ― 盛富 ― 盛種 ― 盛定

北条 ① 長氏（早雲） ┬ ② 氏綱 ┬ ③ 氏康
　　├ 綱成（福島上総介正成の実子）（玉縄城主） ┬ 繁広 ― 氏長
　　│　└ 氏勝（玉縄城主） ― 氏重
　　└ 為昌
　├ 氏時（小山町葛原氏養子）
　└ 長綱（法名宗哲）（幻庵）（天正17.11.1死去 99歳 小田原編年表は97歳） ┬ 新三郎（綱重）
　　└ 新八郎

一品《いっぽん》葛原《かずはら》親王 ―「桓武天皇の第五王子」

早雲の母・尾張国住人
北条高時（鎌倉幕府14代執権）の末孫、横井掃部助《かもんのすけ》の娘

早雲の妻
韮山（静岡県韮山町）の住人
外山《とやま》豊前守（公方政知公の忠臣）の娘（早雲が婿になった）
政知は足利義政の弟

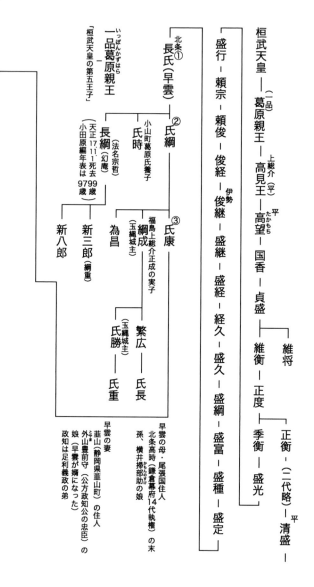

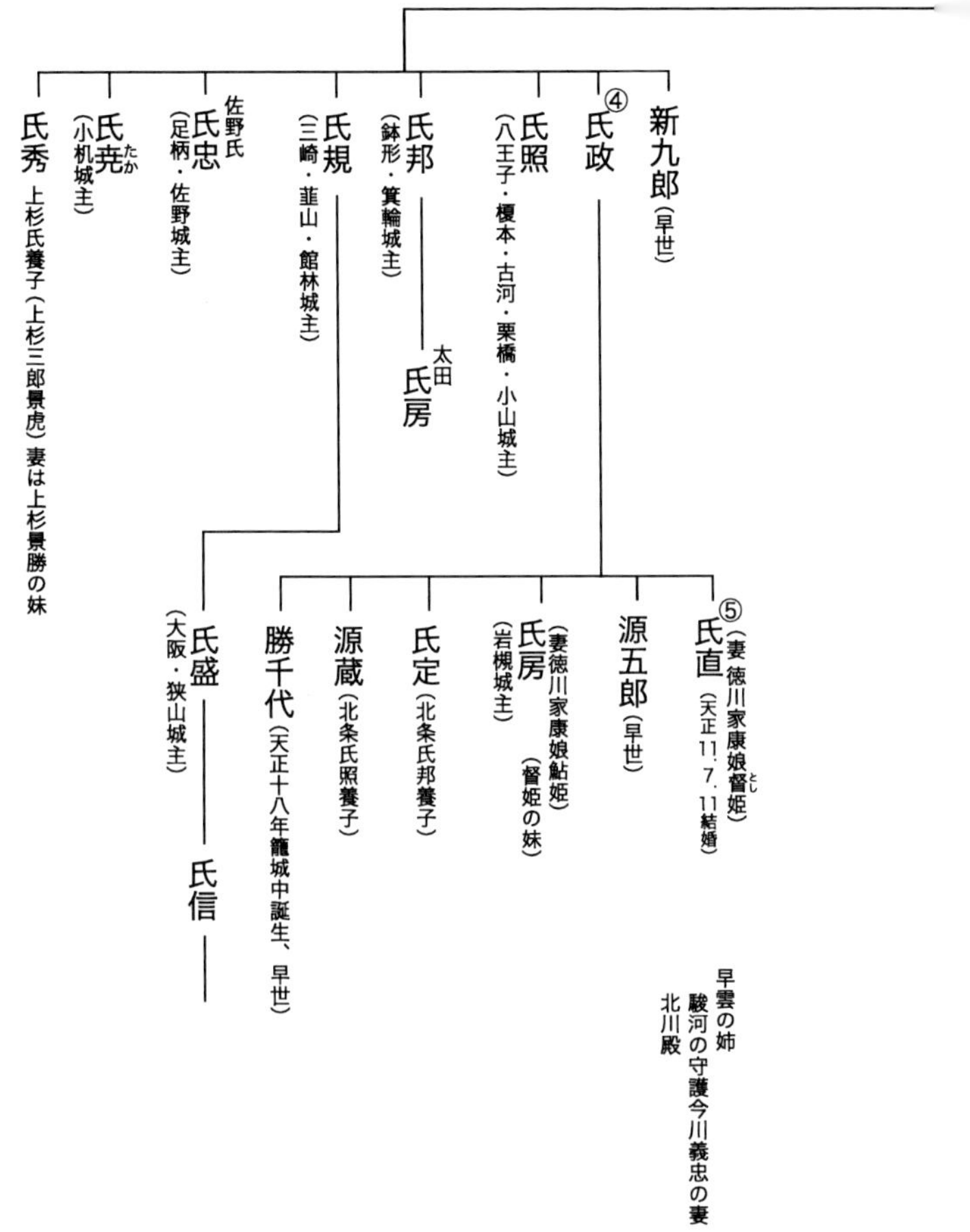

新九郎（早世）
④
氏政
氏照（八王子・榎本・古河・栗橋・小山城主）
氏邦（鉢形・箕輪城主）
太田
氏房
氏規（三崎・韮山・館林城主）
佐野氏
氏忠（足柄・佐野城主）
氏尭《たか》（小机城主）
氏秀 上杉氏養子（上杉三郎景虎）妻は上杉景勝の妹
⑤
氏直（妻 徳川家康娘督姫《とし》）（天正11.7.11結婚）
源五郎（早世）
氏房（妻徳川家康娘鮎姫）（督姫の妹）（岩槻城主）
氏定（北条氏邦養子）
源蔵（北条氏照養子）
勝千代（天正十八年籠城中誕生、早世）
氏盛（大阪・狭山城主）
氏信
早雲の姉
駿河の守護今川義忠の妻
北川殿

⒃ 小田原北条氏系図（桓武平氏）2

- 桓武《かんむ》天皇（第50代天皇）— 葛原《かずらばら》親王（第五皇子）— 高見王 — 高望《たかもち》（平姓となる）— 国香 —
- 貞盛 — 維衡 — 正度
  - 正衡《ひら》 — 忠盛（三代目）— 清盛 — 重盛
  - 季衡 — 盛光 — 盛行 —
- 頼宗 — 頼俊 — 俊経 — 俊継（伊勢）— 盛継 — 盛経 —
- 経久 — 盛久 — 盛綱 — 盛富 — 盛種 — 盛定 —
- 長氏（北条）（早雲）別名氏茂
  - 氏綱
    - 氏康
      - 新九郎（早世）
      - 氏政
        - 氏直（妻徳川家康娘督姫）
          高野山へ参り大阪府河内郡長野市に滞在秀吉に大阪城に呼び出されて鳥取県の西半分（伯耆国）を授けようとした。命運尽きたのか、天正19年11月4日死去した。30歳。
        - 源五郎（早世）
    - 綱成※
    - 為昌
  - 氏時
  - 長綱（幻庵）

綱重

氏照　氏邦　氏規《のり》　氏忠　氏尭《たか》　氏秀（上杉家へ養子）上杉景虎となる

氏房（妻家康の娘督姫妹鮎姫）　氏定　源蔵　勝千代（籠城中誕生したが早世）

狭山藩主となる（大阪府南河内郡狭山町）— 氏盛 — 氏信 — 氏宗 — 氏治 — 氏朝 — 氏貞

氏彦《よし》— 氏昉《あきら》— 氏喬《たか》— 氏久 — 氏燕《よし》— 氏恭《ゆき》— 謙吉 — 雋《しゅん》八

※氏恭の時に明治二年（一八六九）十二月版籍奉還
明治四年（一八七一）藩廃止によって堺県に合併。

※源氏 福島正成 — 北条 綱成 — 氏繁 — 氏勝 — 繁広 — 氏長 — 氏平 —

＝（北条氏綱の娘婿になる）　＝「北条流兵法」の流祖

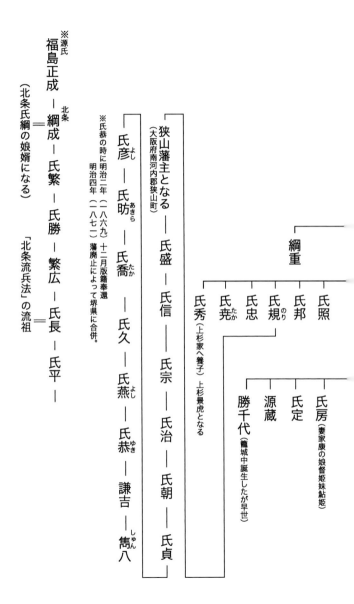

⒄ 北条早雲系図

桓武天皇―一品葛原《いっぽんかずらばら》親王（第五皇子）―高見王（次男）―上総介高望《たかもち》王（平姓になる）―国香―貞盛

維衡―従四位下越前守正度《まさのり》
　├正衡《まさひら》（長男）―忠盛（三代目）―清盛―重盛
　└左京亮季衡《すえひら》（次男）

右京進盛光（長男）―右兵衛尉《うひょうえのじょう》盛行
　├盛長―従四位兵庫助となり、先祖の住んだ伊勢に住む
　├攝津守恒平《つねひら》
　└頼宗―伊勢守俊継（三代目）

豊前守に就任
中国地方へ赴いた時伊勢を姓とし、―伊勢豊前守と名乗る。―鎌倉へ呼ばれ伊勢守に就任

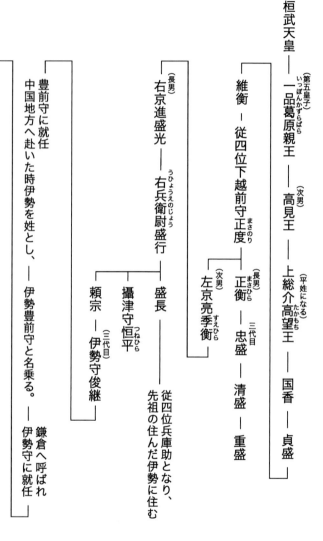

伊勢伊勢守を名乗る。— 盛継 — 伊勢肥後守盛経※

※「日本史年表」では経久へとなっている。

「北条記」系図
勘解田左衛門貞継 —— 伊勢守に就任

貞継の玄孫（ひまごの子）
伊勢守貞親

伊勢備中守貞藤→伊勢へ逃がれた。— 早雲

早雲 明応4年(1495)小田原城主
●永正16年8月15日(1519)死去88才 伊豆・韮山城にて
伊勢新九郎長氏 別名 氏茂

氏綱 1515 — 氏康 1541 — 氏政 1560 — 氏直 1573
天正18年7月(1590)落城

五代続き、関八州（相模・武蔵・安房・上総・下総・常陸・上野・下野）を平定した。

○氏康の娘 武田勝頼の妻　○氏政の弟 氏秀—上杉景虎へ

○氏直の妻・徳川家康の娘 督姫

○氏直の弟 氏房の妻は、氏直の妻 督姫の妹 鮎姫

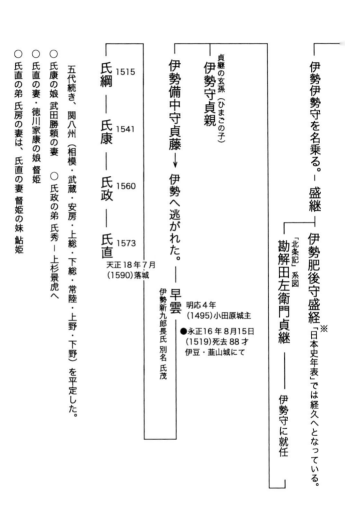

⒅ 小田原北条氏女系図

二代 氏綱

- 北条綱成室大頂寺殿
- 葛山氏元室
- 足利晴氏室芳春院
- 太田資高室浄心院
- （今川）堀越六郎貞基室（高源院崎姫初婚先）
- 吉良頼康室（高源院崎姫再婚先） 天正14・8・24死去
- 北条三郎室
- 北条氏光室
- 香沼姫天桂院「元和3・4・20死去」
- 庭田少将室
- 千葉介邦胤室芳林院

※隣接（高源院・長吉寺）合併して（現）高長寺（明治二十五年）（一九〇二）

※高源院は北条氏滅亡後、香沼姫が小田原城内谷津の大蔵役所跡地に再建した。（当初は豆州田方郡山木に身内の梅叟林香開山として高源院開基だった）

三代 氏康

- 今川駿河守氏真室早川殿
- 北条常陸守氏繁室七曲殿
- 吉良氏朝室鶴松院
- 太田氏資室長林院
- 千葉介親胤室
- 古河公方河内守室浄光院
- 武田勝頼室桂林院尾崎殿
- 円妙院
- 小笠原康弘室穂徳寺殿
- 太田康資法性院

五代 氏直

- 池田利隆室宝珠院
- 摩尼珠院

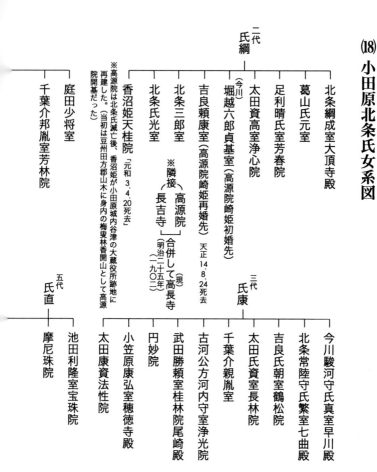

四代
氏政

- 里見義頼室龍寿院鶴姫
- 山中頼元室
- 北条直定室
- 白樫三郎兵衛室
- 東条長頼室

女子慶法院

○高源院崎姫は最初駿州今川一族の堀越六郎貞基と結婚したが貞基死去（弘治二年頃）後吉良頼康と再婚したが子がなく、貞基の次男氏朝を養子にして吉良家を継いだ。

堀越六郎貞基（死去）
高源院崎姫
吉良頼康と再婚

- 氏延
- 氏朝（吉良氏）

子がなく堀越家次男氏朝を養子として吉良家を継いだ。

⒆ 小田原北条一族で生き残った人たち

- 氏康
  - 氏政
    - 氏直（大阪府河内郡長野市滞在）
    - 源五郎（早世）
    - 氏房
    - 氏定
    - 源蔵
    - 勝千代（早世）
  - 氏照
    - （氏政・氏照）自害・切腹
      弟氏規が介錯（氏政53才）
      （天正18年（一五九〇）庚寅《かのとら》7月11日）
  - 氏邦
  - 氏規《のり》（狭山藩（大阪府南河内郡狭山町）外様）
    - 氏盛 ― 氏信 ― 氏宗 ― 氏治 ― 氏朝 ― 氏貞 ― 氏彦《よし》 ― 氏昉《あきら》
    - 氏喬《たか》 ― 氏久 ― 氏燕《よし》 ― 氏恭《ゆき》（明治2年（一八六九）版籍奉還 明治4年藩廃止堺県合併）
  - 氏忠
  - 氏尭《たか》
  - 氏秀（上杉家の養子となり、上杉景虎となる。）

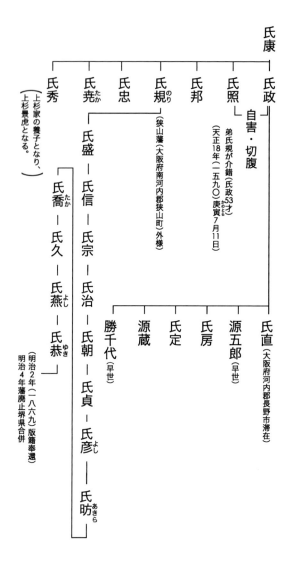

○氏政・氏照自害の日は、早雲が滅ぼした三浦道寸父子（義同《あつ》・義意《もと》）が討死した永正15年戊寅《つちのえとら》（一五一八）（実は永正13年丙子《ひのえね》7月11日）寅の刻（午前4時頃）で、氏政、氏照自害の月日は同じであった。

○氏直は落城後家老・旧功の侍少々連れて、紀伊国高野山に参詣し、同年冬山から下り、天野（大阪府河内郡長野市天野）（大阪府河内郡長野市天野）に滞在していたが、大阪城に秀吉から呼び出されて対面、伯耆国（鳥取県の西半分）を授けようとの話があったが、文禄元年（一五九二）（実は天正19年（一五九一））11月4日31才（実は30才）で早世した。「松巌院大円徹公居士」

⒇ 足利氏系図（清和源氏）

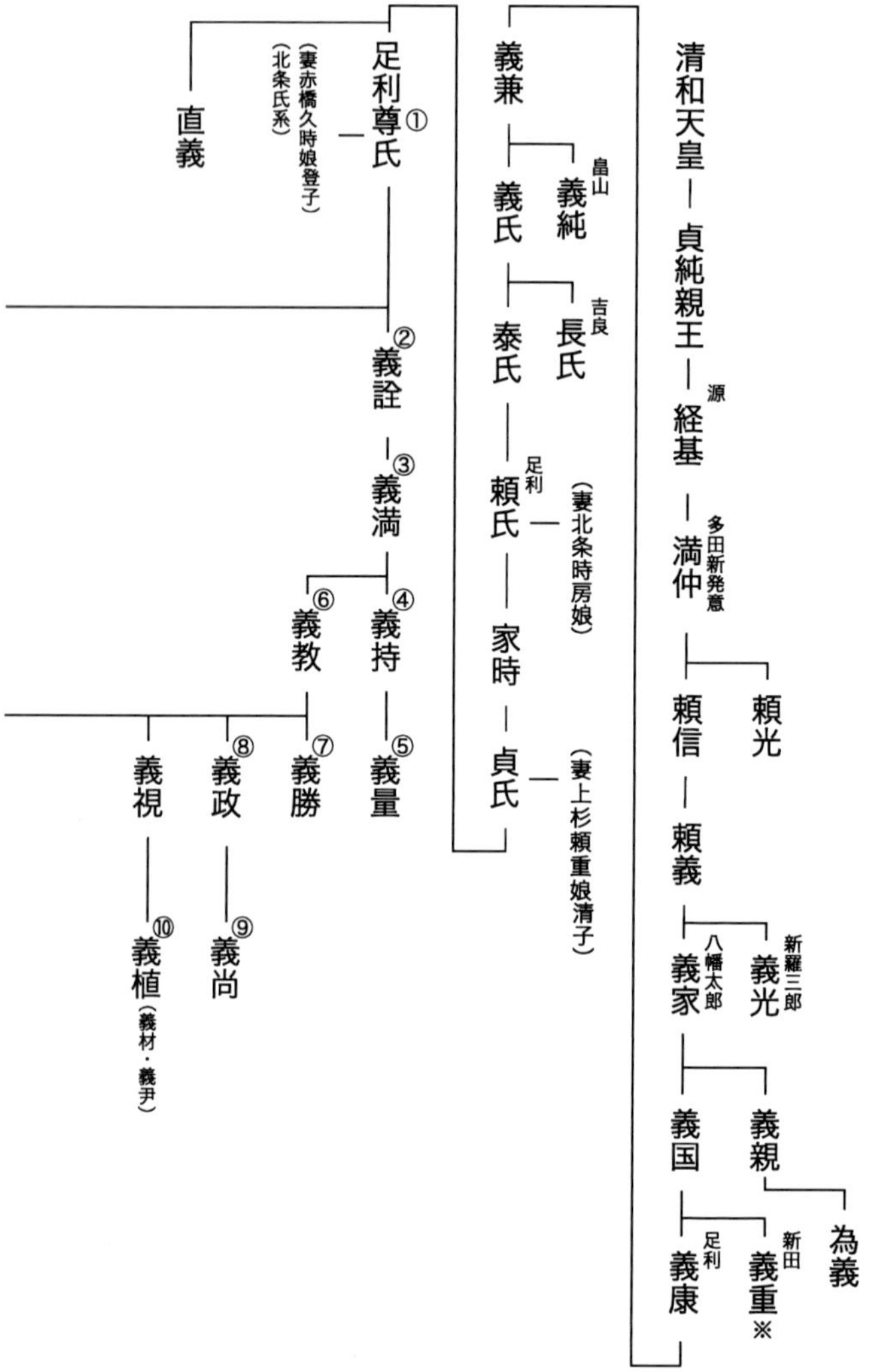
清和天皇
貞純親王
源 経基
多田新発意 満仲
頼光
頼信
頼義
新羅三郎 義光
八幡太郎 義家
義親
為義
義国
新田 義重※
足利 義康
義兼
畠山 義純
義氏
吉良 長氏
泰氏
足利 頼氏
（妻北条時房娘）
家時
貞氏
（妻上杉頼重娘清子）
足利尊氏①
（妻赤橋久時娘登子）
（北条氏系）
直義
義詮②
義満③
義持④
義教⑥
義量⑤
義勝⑦
義政⑧
義視
義尚⑨
義植⑩
（義材・義尹）

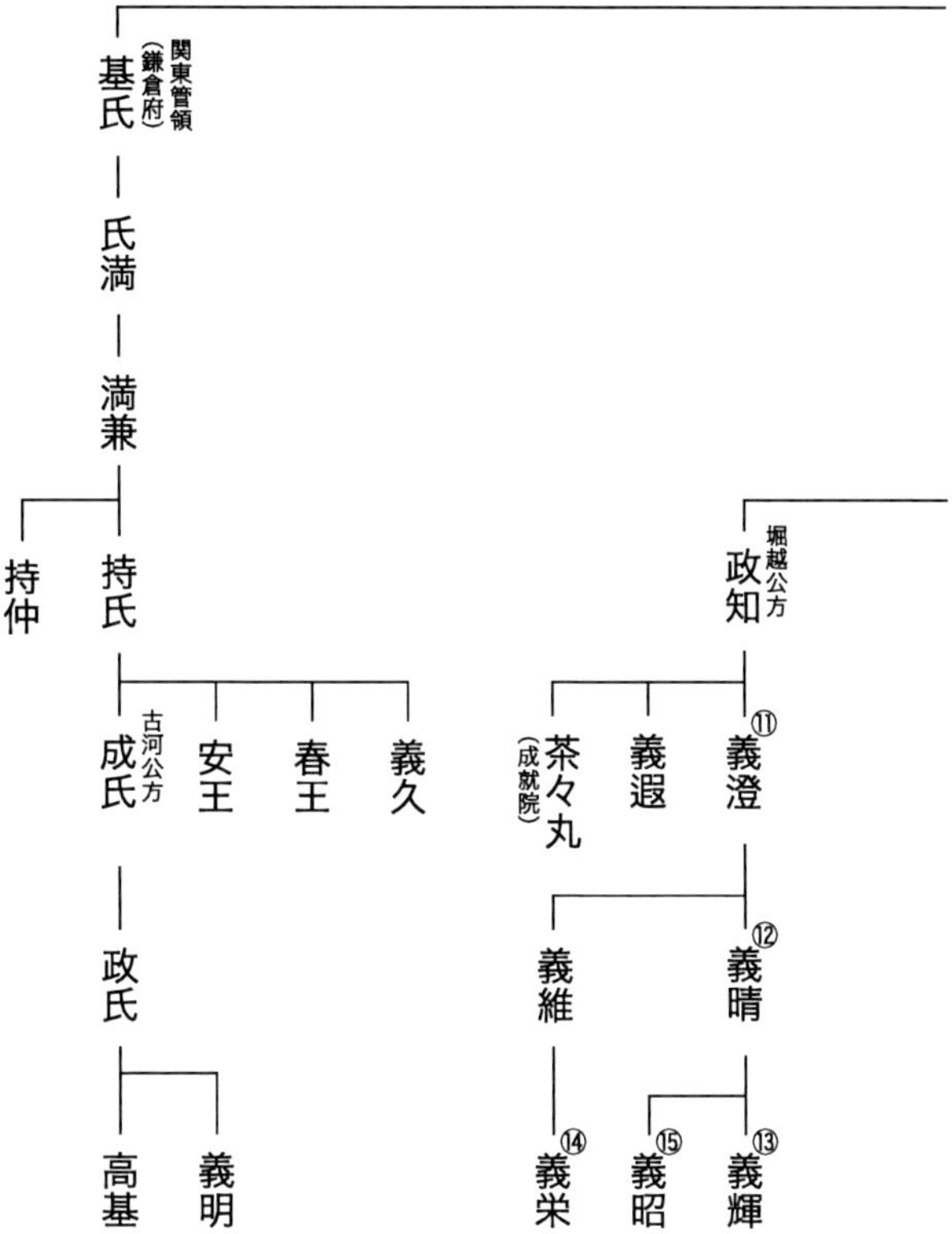

基氏 関東管領（鎌倉府）
氏満
満兼
持仲
持氏
成氏 古河公方
安王
春王
義久
政氏
高基
義明
政知 堀越公方
⑪義澄
義遐
茶々丸（成就院）
⑫義晴
義維
⑬義輝
⑮義昭
⑭義栄

(21) 新田氏系図（清和源氏）

- ※新田義重
  - （山名）義範 — 義節 — 重国 — 重村 — 義長 — 義俊 — 政氏 — 時氏 —
  - （里見）（大新田）義俊
    - 義成
      - 義基 — 義秀 — 忠義 — 義胤 — 義連 — 基義 —
      - （大井田）義継 — （鳥山）時成
    - （田中）清義
  - （小新田）義兼 — 義房 — 政義
    - （新田）政氏 — 基氏 — 時氏
      - 義貞
        - 義顕
        - 義興
        - 義宗
      - （脇屋）義助
    - （大館）家氏 — 宗氏 — 氏明
    - （堀口）家貞 — 貞義
  - （得川）義季
  - （額田）経義

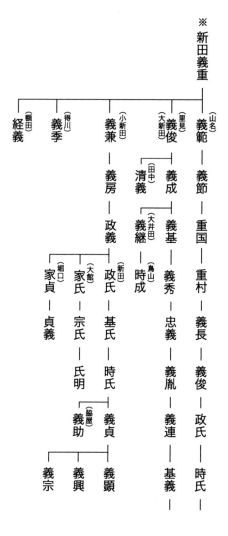

参考資料

『皇國地誌村誌　相模國足柄下郡早川村』（明一八・一二・二稿）　總閲　神奈川縣令　沖　守固
編纂　同九等属　星野東作
『日本史年表』（一九五五・六・一〇）児玉幸多編　吉川弘文館
『日本の名城』（昭三四・九・一）文化財調査会編　人物往来社
『北条流兵法』（昭四二・九・一五）石岡久夫編　人物往来社
『神奈川の城』上（昭四七・一〇・九）朝日新聞横浜支局編　文　西ケ谷恭弘　朝日ソノラマ
『藩士事典』（昭五二・四・三〇）藩士研究会編著　秋田書房
『新名将言行録』
戦国時代　（昭五〇・五・一〇）
源平〜室町　（昭五二・八・一二）　榊山潤著　講談社
『新編物語藩史』
第三巻（昭五一・三・一）
第四巻（昭五一・九・一）　新人物往来社
『相模のもののふたち』（昭五三・六・一〇）永井路子著　有隣堂
『日本城郭大系』第6巻（昭五五・二・一五）新人物往来社
『小田原北条記』上・下（一九八〇・一〇・二五）岸正尚訳　教育社
『日本史年表』（昭和五九・六・一〇）東京学芸大学日本史研究室編　東京堂出版

『かながわの古道』（昭六〇・六・三〇）阿部正道著　神奈川合同出版
『小田原北条女物語』（一九九〇・四・一五）難波明著　神奈川新聞社
『源平合戦事典』（平一八・一二・一）福田豊彦・関幸彦編　吉川弘文館

早雲・氏綱が用いた軍配流兵法による
小田原北条氏城郭顕正
神奈川古城研究会

目次

「小田原北条氏城郭顕正」は、神奈川古城研究会により
一九九一年六月三十日に小社から非売品として発表されたものです。

小田原北条氏の城郭について

伊勢新九郎長氏は、明応四年（一四九五）小田原に大森氏を追い、東国制覇の拠点として以来、五代に亘り城郭を整備し、城下町を包含した大陸的な規模で、即ち、町屋、商家を取り入れた。これを総構え、総曲輪と呼び、籠城に適した城郭を形成した。後世、日本三大名城として、大坂城、江戸城と共にその一つに数えられる小田原城であった。

小田原城の立地を、地形地質よりみると、箱根外輪山の一角を占める塔之峯を主峰とした尾根筋が、東方に高度を下げた開析丘陵に位置している。西南は早川、南は海、東方は久野川水系で縁取られている。さらにこれを取り巻くように石垣山、畑ノ平、塔之峯、明星岳―久野丘陵―多古の尾根筋、酒匂川がめぐり、天然の防衛地形を形成している。

この開析丘陵は、水之尾より谷津八幡山小嶺山にまたがり、海岸砂丘との間には、久野川山王川にかけて、潟湖の名残りの池沼、土腐（ドブ）が残り、天然の要害となっている。

歴史を辿れば、永禄年間（一五五八～一五六九）に、上杉、武田の相次ぐ来攻の経験に依って構築された城郭で、山本左傳治所持の「北条流軍学書」に依る城の立地条件として、「北高くして南低く、きた南へ長、東西南に流水あり但し海も同意なり」と指摘しているとおりの地形にある。

また、三浦浄心が書き記した「北条五代記」に依れば、「此の城堅固にかまへ、広大成事、西は富士山と小嶺山につゞきたり、二つの山の間に三重に堀をほり、小嶺山を城中に入、早川の河をかたどり、南のはまべえおしまはし、石垣をつき、東北は沼田堀をほり、築地をつき、東西へ五十町、南北へ七十町、廻りは五里、四方井楼云々」と、小田原城の規模の大きさを明示している。大規模と謂われている他の城と比較すると、その規模が如何に壮大であったかが分る。

江戸城 ●外郭
東西約五十町　南北三十五町
周囲約四里
●内城 九郭の大きさ
東北約二十一町　南北十七町
周囲約二里

大坂城 ●外郭
東西約二十町　南北二十九町
周囲約七十五町

略々方形
●内郭
東西約十町　南北二十町
●外郭
東西約十三町　南北約十五町
周囲約五十二町
●内城
東西約七町　南北約五町
周囲約二十五町

名古屋城

（「伴三千雄」による。）

本会では、北条氏時代の城の規模と、江戸時代の城の規模とは、当然戦術兵器の発達により、また、その石高により、規模に相違があり、城の構えについても時代に依って異なるのは当然の事と認知している。

しかしながら、公式図による北条氏時代の城の大きさと、たかだか十万石程度の大名の城の大きさが同じである事に、素朴な疑問を生じ調査を行ったものである。

その結果、公式図に表示された大外郭として示されている地点では、天正十八年豊臣秀吉小田原征伐の時、全く戦闘は行われなかった事が判明した。

北条氏の城構えは、その調査した結果、大外郭、外郭、内郭、内城の四つより構成されている。

一、大外郭について

（一）西は、湯本畑ノ平、塔之峯城、松尾山。

（二）北は、鷹打場、坊所、久野山及び諏訪原を経て、沼田城まで。

（三）東は、酒匂川を堀とし、所謂多古城より今井、町田、網一色に至る。

（四）南は、網一色、山王より海岸線を取り入れ、根府川城、江之浦湊に至り、小玉澤城、即ち、後の石垣山城を包含する。

二、外郭について

「北条五代記」にある「早川の河をかたどり云々」のとおり、

（一）早川を堀とし、対岸の小玉澤城に対する如く、上二重外張の防禦陣地を形成。

（二）水之尾殿守と富士山殿守の中間地点より、風祭、入生田牛伏を経て湯本白石山山麓に続く堀、土塁は三粁に亘って築いた。

これについては、水之尾広川正保氏、風祭秋山光三氏、湯本小川新蔵氏、菊川清一氏等によって語られたものである。

天保三年辰四月の「光秀山浄永寺妙光院」の記した書にも、「明応年中早雲侯小田原城を築く。よって風祭（水之尾）は要害の地なりとて、替地を今の谷津山にたまはる。・・・時の住持をば妙光院日形聖人と号す、即ち北条氏康侯の伯父なり云々・・」とある。

また、三月廿四日（永禄四年カ）の「北条氏康書状一大藤文書」によると、「一昨日廿二、於曽我山敵数多討捕候、數度之高名無比類候、敵之物失ニ随而水之尾へ早々可来候、猶口上ニ申候、謹言、」とあり、水之尾は氏康公の居城地であったことが分かる。

（三）　水之尾殿守　荻窪殿守を拠点とし、天主山、首尾山、水之尾山、神台、威張山一体を戦場（イクサバ）として、西方面の最大の防備地帯と成した。

威張とは、古代亥張、中世威張、江戸中期以降伊張と使用されたが、本来、「射払う、または亥張」と称したもので、破魔弓、浜居場などと語源は同じで、悪魔を払う、即ち、敵を追い払う場所と解釈されている。

北条氏時代においては、小田原北条氏の最も勝れた誇るべき守備陣地で、また戦場（イクサバ）であったために、現在、地籍図にも「伊張、または伊張山」等のものはないが、小田原及びその付近の人々は、あの方面を殆どの人が何の抵抗もなく「伊張」と呼んでいる。

天正一八年、北条氏滅亡後も、福島氏はここを離れず、徳川氏より仕官を要請されたが、これを拒み、後大久保氏より請われて山番士の長となり、明治になるまでここに住んでいた。同家現当主は、某大学の教授を勤めている福島昌治氏である。

（四）東に対しては、山王川を拡張して蓮池を設け、福門寺（現福厳寺）曲輪前面を篠曲輪とし、この方面の唯一の篠橋（タケバシ）に高麗門を置いて主防衛の拠点とした。

古来、山王川を渡る橋は、この篠橋（タケバシ）以外には架橋されなかった。

三、内郭について

「関八州古戦録」を始め、種々の古書に、「小嶺山つづきたり、二つの山の間に三重の堀をほり、小嶺山を城中に入れ」とある。

天神曲輪、小嶺山、下二重外張、佐野殿守、煙硝蔵郭、山ノ神台より谷津殿守、広小路、渋取曲輪、山王角曲輪に至る範囲である。

煙硝蔵郭では、最近の発掘により馬蹄形の北に開口した堀遺構が発見された。彎月流陣形のとれる構えで、左側面より出撃し、右側面に守備勢力を置いたものである。「彎月の備の事、彎月の備と言うは、左各相むかひ、其形初三の月の曲て、彎々たるがごとく備るを云。敵の備鋒矢なる時は、味方之備を用ひて乙矢をとどむる備右にあるべし、左はいむけ右はをしつけなければなり。伝口。（兵法雄鑑巻第二十九備変）」

「彎月。敵鋒矢成時乙矢留には右、口伝。（師鑑抄）」

四、内城について

従来、小田原城の本丸については各説があるが、最近「毛利繪図」の出現により、「氏政曲輪」と「氏直曲輪」の二つが図示されていることが分った。

これを北条氏は、氏政曲輪を「御本丸様、御本城様」と謂い、氏直曲輪を「御二の丸様」と区別している。

また、これに依って内城の研究は進歩すると思われる。

公式図によると、「御前曲輪」を陸上競技場に記入されているが、「相中雑誌」によると「慈眼寺ノ南方大藪ノ中ニアル曲輪ヲ云フ」とあり、現忠魂碑付近に「御前曲輪」と記されていて、同地の字名は「どく榎平」であると伝えられている。

さらに、「渡辺外記語り書」に依ると、谷津小松原、即ち、高長寺付近に大蔵役所があった。

ここは関東各地の年貢が、篠橋（タケバシ）を通って竹ノ花を横切り、高長寺にとまる。

この道を古来「穀留通」と謂われている。

現城山中学の処にあったと伝えられている古八幡、並びに薬師堂は、願修寺の管理であった。

願修寺の開基は、三代氏康夫人である。

また、新八幡宮は、小田原高校所在地にあった。この御神体は、早川の大岡氏の手により東京に移され、後戦炎で焼失した。

五、小田原城の特徴について

小田原城は、天下の名城と謂われるとおり、種々の構築がされている。

その幾つかを掲げてみる。

（一）大規模城郭

城下町包含した、大陸的な総構えで、籠城に最も適した城であった。

北条五代記に依ると、「氏直は周り五里の大城を構築し關八州の民百姓までも籠置き天下を引請け百餘ケ日攻むると雖も終に落城せす然所に曖ひ有て小田原没落す翌年天正十九年吾三浦淨心京都へ上りしに駿州の府中町外れに大なる堀普請あり是は如何なる事そと問へは駿河は中村式部少輔領國なり去年小田原の城總構へ有るによりて落城せす是れ目前の鏡なりとて府中の城總構の堀を堀らしめ給ふと云う其れより京まで街道の城々皆總構への堀普請ありつるを見たり」と記している。

（二）二重外張

外側から見て、障子を立てたように、堀・土壘、堀・土壘、と巡らした、二重外張（防護陣地）を施し、内部を伺う事が出来ないために、これを「戸張」または、「猫山」と称した。

このため、非常に破れ難かった。

（三）鵜首

鵜の首に似た陣地を構築したものである。即ち、

① 小嶺山から天神山曲輪。
② 富士山殿守と佐野殿守。
③ 水之尾殿守から風祭八幡神社周辺。
④ 入生田の牛伏から丸山へかけて。

⑤　谷津殿守から現大稲荷社にかけて。

である。

これについては、天正十八年以降、名古屋城築城の時にこの手法を真似ている。

（四）　鵜足（ウタリ）

膝までの湿地帯を「鵜足」と謂い、作戦不能地として、北条氏は天然の堀として活用したむきもある。旧陸軍でも、作戦不能と認定していた。小田原には、この地帯が多くあった。池上から久野に向かって、一の森、二の森、三の森と謂う地名があり、それを通る以外は両側総て鵜足地帯で、作戦不能な地であった。

（五）　蓮池

日本の城には、「蓮池」と名付けた堀を用いている処が非常に多いが、規規が小さいものであった。

しかしながら、小田原においては、久野川、山王川を拡大し、頗る大規模な蓮池を作った。

山王から井細田に至り、さらに現市役所所在地周辺までも蓮池と謂う地名が残っているほどである。

（六）　渋取

「渋取、または、しぼとり」と謂う。

この語源は、渋を取る。即ちごみを城内より取り除くための籠城に備える川であった。

これは「不浄隠流＝不浄流」といい、城内の人馬の不浄を流し捨てる設備で「塵落」ともいう。（師鑑抄）（武教全書）

この川は、人工的に作られた川で、城内に何万人かの人数を収容しても、そのごみによって発生する伝染病を防ぐと謂う、中世日本においては画期的な施設であった。

これがため、「渋取」という名が有名になり、あたかも一大陣地、曲輪と間違えられることもあった。

この関連した流れに、蛇川などが現在残されている。

（七）堀

堀には、「空堀」と「水堀」に区分され、空堀においては、「喰違堀」「段違堀」「畝堀」のようなものがある。

水堀においては、「障子堀」「堀障子」等がある。

この二種類の堀の解釈については、近時小田原においては混然として不明になっているが、障子堀は、「北条流軍学」に依ると、「戦闘正面には作らぬものなり」とある処からも、これは戦闘用と謂うよりは、主たる目的は飲用であり、戦闘にも使用されると謂う二つの目的を持った堀である。

山中城の障子堀が作られた処をみると、よく分かるように、馬小屋とかその他の構築物の陰に作られている。

北条流の堀の種類については、水堀、空堀、泥田堀、堅堀、駒返堀、猿滑堀、堀込、捨堀、薬研堀、片薬研堀、箱根堀、畝堀、堀障子、障子堀、毛抜堀等が、山本左傳治所持するところの「北条流軍学」に書かれている。

堀については、現在これがどのような目的に、また、如何なる構造か、秘伝につきに口述によると書かれているものもあるので、実態が判明しにくいものもある。

氏長は、甲州流兵学創始者小幡勘兵衛景憲の愛弟子で、元和から寛永にかけて完成したものである。

元和七年（一六二一）十三歳で入門した氏長は、幼名を梅千代、新蔵。のち正房、最後に安房守氏長となった。高祖父綱成は、始め福嶋と稲したが、幼少の時父上総介正成が武田勢と合戦して討死したので、綱成は小田原北条二代当主北条氏綱を頼って来原、大永元年（一五二一）養子となり北条を名乗るようになった。当初は甘縄城、後に川越城主となり、天正十八年（一五九〇）には、山中城及び甘縄城を守備した家柄である。北条氏滅亡後、綱成の孫氏勝は、その子繁広と共に徳川家に仕え、徳川譜代の列に加えられた。この繁広が氏長の父である。このように、氏長の一家は北条氏の御家門であり、しかも北条五代の築城の中で、一番縄張りが上手と謂われた家柄である。氏長は、後徳川幕府の軍法師範に任じられた。

また、江戸期において有名な軍学者山鹿素行は、寛永十三年（一六三六）甲州流兵法の祖たる小幡勘兵衛景憲、並びに、その門人北条氏長の門弟となり、寛永十八年（一六四一）に奥書を許された。著わした書に、「武教全書八巻」がある。先に記した北条流軍学「師鑑抄」は、北条崎姫の孫山本左傳治なる人物がいて、宝蔵院流槍術の名手として著名であり、また、北条流の軍略戦法の達人であった。

寛永十四年（一六三七）島原の乱が起り、苦境に立った幕府は、松平伊豆守を起用した。伊豆守は、山本左傳治の許に使いを出し、この戦さの軍師として要請した。

その時、供に従ったのが、北条流軍学の祖と謂われた北条氏長である。

氏長は、島原の乱の戦闘期間中、山本左傳治から現場において兵学の手解きを受けた。

やがて、島原の乱が治まるや、松平伊豆守は、山本左傳治に対して幕府軍法指南を要請したが、山本左傳治はこれを拒み、代わりに北条氏長を推挙した。

そうした経緯があって、氏長は武田流軍学という名称より、独立した「北条流」と名付けた。北条流軍学は、将軍家兵法となったために、「御留流」となり、一般には公開されないようになったのである。

従って、山鹿素行以下の軍学者による兵法は、北条氏滅亡後、実に約五十年を経ているので、小田原城を考究する上において何ら影響を与えるものではない。

人によれば、山鹿素行の著わした「武教全書」が、あたかも現在残る北条氏の城の研究に影響があるが如く説いているが、甚だ疑問である。

本会においては、北条氏長著わす処の「師鑑抄」の原本の一部を見ることが出来た。

畝堀については、武田家山城の経験上、畝堀が出来、後に北条氏がその利点を取り入れて、広く大きな堀に水堀として活用したものを、北条氏長は「障子堀」と名付けたのである。

然して、「畝堀」は空堀に用い、水堀は「障子堀」その他、「箱根堀」「手抜堀」等々を構築すると謂われている。

「堀障子」とは、その堀の地質水脈などによって、その底辺部に小さく変形障子のようなものを構築したものであると謂っている。

故に、「障子堀」は、最初から障子を意識して作っているので、後に「十文子堀」と謂っているものもある。十文字堀と謂うより、障子の桟が交互に付いているようなものを指し、障子堀に関しては、公式図に書かれている障子堀は、大多数が障子堀ではない。これは、発掘に際し、中世城郭に対して造詣が深い専門家的見方よりも、考古学的な見地からの判断による色彩が強かったことと、市教育委員会において、適格に中世城郭を論じ得なかったためではないかと思われる。

代表的な例として、城南中学東側の堀切りは、まず第一に「空堀」と昔から呼称していたことからも、障子堀ではない。

元禄年間の軍学者山鹿素行も、障子堀は水堀の中に入れて、空堀ではないという論拠を示している。これは、日本の兵法学が障子堀については一つの定言を維持していることを示すものである。

市は、この堀を「小峰御鐘ノ台大堀切り東堀」(市で云うところの「小峰御鐘ノ台」であって、市民は古来「桜お鐘の台」と呼んでいた。以下同じ)と仮称しているが、小峰御鐘ノ台の西側にある堀こそ敵を迎え打つ要害であって、この東堀はその後方に位置している故に、直接最初から敵と対するものではない。

また、西堀と東堀の中間点に、過去には故吉田市五郎氏が研究調査した「井戸曲輪」があり、東堀の中間点に「堀小口」があったと述べていた。その頃には、東西の堀は殆ど当時の現状のまま残っていたようである。

この「小嶺お鐘の台」西側の堀こそ、北条氏独特の発想による崖の八合目の所に堀を掘り、上部に外張を築いた。これを「箱根堀」と称したようであり、また、その中に「毛抜堀」と称するものを構築したと伝えられている。

この東西の堀、土塁を総称して「二重外張」と称した。故に、小田原城は難攻不落の城と伝えられているのである。

また、山中城の障子堀の例を見ても、戦闘正面に存在するものではないことが分かる。ましてや、秀吉方攻撃を防ぐものとした論拠は甚だ疑問である。

香沼屋敷では、障子堀を昭和二年まで飲用水として使用していた。これを陸軍参謀本部で研究のため見にきた事がある。そして、作戦指導室で調査検討した結果、作戦戦闘向きではない。との結論に達したもので、箱堀の水は腐敗しやすいが、障子堀の水は腐敗し難い、あくまでも飲用水であると判断された。

依って、陸軍でこれを陸軍糧秣本廠所属の堀と認定した。

昭和三年、付近の子供達が泳いで危険であったため、埋めてしまった経緯がある。

障子堀については、本会は昭和三十五年小田原城天守閣が建設され、この記念行事が城内小学校で挙行された。その会のあと、大類先生、藤田先生、本会の会員などの間で話題となり、以後専門家の間で研究しようという事になった。

後に、國學院大学樋口清之先生もこの会に加わった。

山中城の障子堀については、昭和四十六年に、未だこれが発掘されない時に、小田原市在住の城に興味を持っている人達を案内し、説明した事があり、この発掘指導に当った難波明氏は、現地調査し、本丸と北矢倉間の塀ぎわに、パナマ運河の閘間よろしく等間隔に配置した単純水形式の畝の露頭を発見し、重要地点はさらに複雑なものがあると考え、二の丸と両矢倉間の堀を指摘したところ、果たせるかな発掘がすすむと、複雑な障子構造が出現した。V字堀の中央の延長方向に横畝が伸び、これに両側から交互にT字交差する畝が結ばれているのである。

このように、昭和五十年十一月十二日より十七日に開催された武田、北条氏展に、山口貢氏が書かれている。

また、昭和四十九年六月二十七日市民会館で小田原城を守る会開催の時に、難波明氏が「障子堀・畝堀考」を書いている。

そして、昭和五十年に三島市教育委員会より、これらの発見指導者、難波明氏に対し、感謝の意を表する文書を贈られている。

以上が、昭和二十年以後、この問題に対する研究の導火線となり、小田原城の堀についてもいち早く発表し、現在に至っているものである。

（八）大土塁

北条氏は、鉄砲攻撃の防衛のために、小石瓦片等を交ぜた強固な土塁を構築した。このため、豊臣方は金堀人足らを使い、これを破壊しようとしたが成功せず、攻撃を中止せざるをえなかった。ために、秀吉は天正十八年（一五九〇）以後、北条氏の土塁を真似て、京都に「御土居」と謂うものを造った。これが現在も遺構として残っている。

（九）旧煙硝蔵

北条氏は、戦闘における鉄砲の重要さを認識し、これに必要な煙硝を大量に生産した。依って、これを貯蔵するために石蔵を造り、「煙硝蔵」と称した。現在も荻窪に、この跡が残っている。

徳川家康は、小田原北条氏が降伏するや、一番先に、この煙硝蔵を見たと謂われている。

以上九項目、代表的なものを列挙したが、他にも種々あるようである。

北条氏の城郭については、種々述べたが、さらに、これを天正十八年（一五五〇）秀吉の小田原攻めに依って顕正し、証明することをしたい。

豊臣秀吉の小田原城攻めについて

先ず城攻めについては、秀吉は常に城の構造、地理状況の総てを内偵、調査する「匠」を陣中に入れてきた。

小田原城攻めについては、秀吉は「匠頭」小太郎を加えていた。今に残る「多聞院日記」には、「小太郎東国陣ヲ見廻テ帰了、昨夕帰ト云々・・・、一段城堅固、万々ノ猛勢取巻、城ノ内五里四方二人勢六万在之申ト云々」とあり、秀吉方においても小田原城は「周囲五里」と認めている。

冒頭に掲げた北条方の一員、三浦浄心の記録と、秀吉方の記録と同一であることは、敵味方共に事実を忠実に伝えている何よりの証明である。

本会は、この記録を基に、秀吉方の初戦からの行動を追うことに依って、大外郭の全容を知ることが出来たのである。

一、秀吉方各大名軍装比

一万石に付　鉄砲　徳川　二十
　　　　　　　　　毛利　五十
　　　　　　　　　上杉　四十
　　　　　　　弓　徳川　十
　　　　　　　　　毛利　十二
　　　　　　　　　上杉　二
　　　　　　　鑓　徳川　五十
　　　　　　　　　毛利　二十五
　　　　　　　　　上杉　三十
　　　　　　騎馬　徳川　十四
　　　　　　　　　毛利　二十
　　　　　　　　　上杉　十一

他に、旗、馬印、等かつぐ者、貝、太鼓役、太鼓かつぐ者、同持つ者、雑役、すべて二割とする。

（四万二百人）

他に、雑兵（兵器修理、城修理、炊事等）交替要員、一万人（細川軍記）

二、秀吉方の大外郭への攻略日程

四月二日　塔之峯城及び沼田城落城。
四月二日　羽柴秀次、久野、総世寺に入る。
四月二日　堀秀政、根府川城を落す。
四月三日　堀秀政、小玉澤城に入る。
四月三日　徳川家康、多古城を攻める。
四月三日　羽柴秀次、荻窪殿守を攻め、日向、日陰陣場を攻略す。
四月三日　松平周保、福門寺曲輪を攻める。
四月四日　羽柴秀吉　湯本早雲寺より小玉澤城（石垣山城）に本陣を移す。
四月四日　徳川家康、今井の本陣に入る。
四月五日　大久保忠世、今井本陣の後備となる。
四月七日　秀吉、全軍に小田原城へ総攻撃を布告す。
四月八日　長曽我部元親、加藤嘉明、戦船を列して大銃を発射し、酒匂海岸の楼櫓を破壊す。

以後、豊臣氏は竹矢来を組み、長期包囲網を形成した。

三、外郭について

大外郭を突破した、秀吉軍の状況を伝える「榊原康政書状案写―松平義行所蔵文書」には、「候、抑小田原城存之外堅固、被構廣大候、東西五拾町、南北拾八町、廻り三里、西為峨々大山、東北ハ不及馬之蹄茂深田也、南者為漫々大海也、誠雖欺銀山鐵壁程地、先自西北南次第々々に御取囲候云々」とあり、秀吉が小田原城を最初に包囲した五里四方と「多聞院日記」に記している広さよりも圧縮し、北条氏を包囲したことを示して廻り三里となっている。これは、四月七日にこの線に到達するや、秀吉は長期包囲作戦に切替えた。即ち、「豊臣秀吉―鍋島文書」には、「小田原五町十町二陣取候云々・・・」とある。

本会が調査の結果主張する外郭と略一致するものである。これを称して、世に「豊臣秀吉関白位攻」と謂っている。

四、秀吉方が外郭に迫った時の秀吉方北条方の対陣等の状況

（一）東面
秀吉方　久野川、蓮池に沿った大土塁に対陣。
北条方　山王蓮池を利用した、山王角曲輪、福門寺（現福厳寺）曲輪に拠って防戦。
（二）西面
秀吉方　塔之峯城を落し、威張地帯の拠点大神宮山、即ち天主山続いて三ノ瀬、二　ノ瀬、一ノ瀬、亀甲山即ち首尾山を攻略。
北条方　水之尾山ノ神台、並びに威張山の線で防戦。
（三）南面
秀吉方　海岸線、早川沿いに富士山殿守、さらに山王川河口、酒匂川河口を攻め、網一色には大久保忠世が陣を敷き、酒匂にては武蔵からの援軍を絶ったため、榊原式部大輔が陣を構えた。
また、海岸五町十町の間に軍船を並べた。
北条方　小嶺南面早川東岸、及び海岸線に土塁を築いて防戦。
（四）北面
秀吉方　日向、日陰陣場、神山砦を落し、宮窪、池上線に迫った。

北条方　荻窪殿守より山ノ神台を経て、岩槻台に連なる線で防戦。

以上が、史実に基き小田原城の攻防調査を行った結果、知り得た内容である。

これを、公式の「小田原城繪図」と比較してみるに、数々の疑問点が出てくるのである。「渡辺外記語り書」等にもあるとおり、資料を併せてみるになお更その疑問を深くする所以である。

亥切（イギリ）衆について

小田原城の守備範囲の西北面に、明星岳を頂点として久野山の峻線を中心とした久野山系一帯に、山岳戦を得意とする特殊兵団がいた。これを称して「亥切衆」と謂い、この拠点二カ所を「亥切（イギリ）屋敷」と呼称した。

彼らの武技を鍛錬する場所を、「天狗の相撲場」と謂い、この地から櫛、食器、衣類、武器などの遺品が出土している。

さらにまた、非常に奇怪なことは、一年間のある日ある時に、彼らの末裔が全国から集まって、ある種の行事を行っている。

これらの人達を、風魔一族の「猪源太（イゲンタ）の末裔」と謂っている人達もある。

この「猪源太（イゲンタ）一族」は、山岳戦、隠密行動に最も勝れていたようである。ために、威張の外側を守備していたとも考えられる。

「小峰御鐘ノ台」について

市で発行した『現代図に複合させた小田原城城郭図（江戸末期）』（以下複合図と称する）による小峰御鐘ノ台について異論がある。

位置は複合図の小峰御鐘ノ台大堀切西堀と示す部分により、西側一枚畠西までの区域について、江戸初期稲葉氏時代における万治三年図（以下万治国と称す）と比較検討を加えると、小峰御鐘ノ台の南側・富士山方面に向けて矢郭らしい正方形の張出が見られるが、万治図には表現されてなく小口として南側へ開いている。本来はこの小口より富士山を通り仮称香林寺郭へ出る部分である。

西側よりの一枚畠西と示す部分より、本来はもう少し先端部より万治図は北方に小口が開き、水ノ尾へ出る部分を示すが、複合図は一枚畠西と同南の中間に、水ノ尾への道として道を通しているのみで、水ノ尾への小口表現がなく、だいぶ縮少したものとなっている。

また一枚畠東・同南との中間の土塁遺構は万治図では示されていない。以上を総合すると、前期の複合図に示された遺構には、「天正一八年遺構」と記された堀が入るなど江戸末期の図に小田原北条氏時代の遺構が表現されているが、万治図とかなり違った部分が見られる。南側の張出した矢郭は延宝図より示され、それ以前は示されていない。矢郭より上二重外張までやや直線にて示され、元禄期の地震修築にみられるごとく、以後もたびたび崩されるたびに修築しながら幕末に至っているもので、稲葉氏時代には北条氏遺構を一部使用していたが、後期大久保氏に至っても一部分的に使ったが自然地形に沿って何度も修築した名残りであり、南側は北条氏遺構はむしろ少なく、修築を繰返している。

小田原北条氏時代には、もっと西側に突き出し東・西の二郭に区分され、東郭は勢溜りの広さとなり、西郭は実城とみられ、本来は独立したものとみるべきである。江戸時代には平和な時代を表わしていて合戦様式はなくなり、西側を縮少したために、西より南にかけ修築を繰返しながら矢郭として補修し、安定した時代を表現したものである。

以上より万治図は、多少北条氏の遺構も残されていたと思われる、それは小口においても先端に矢倉を置いたと思われ戦国時代の面影を残している。一方複合図は戦闘機能を消失したような遺構になっている。よって戦国期の北条氏時代には独立した郭であって、仮称佐野殿守と推定できる。

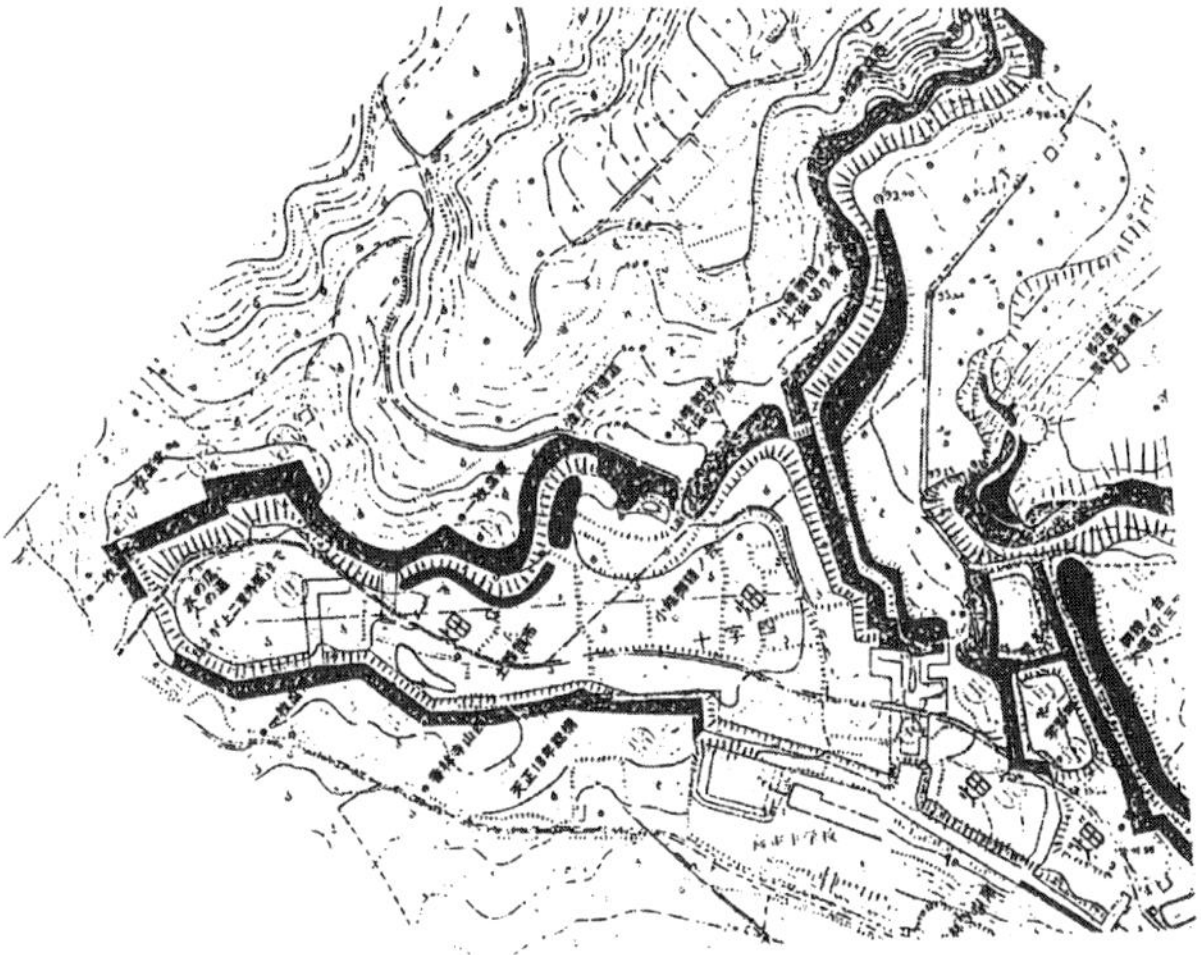

小田原市教育委員会発行の（江戸末期）図

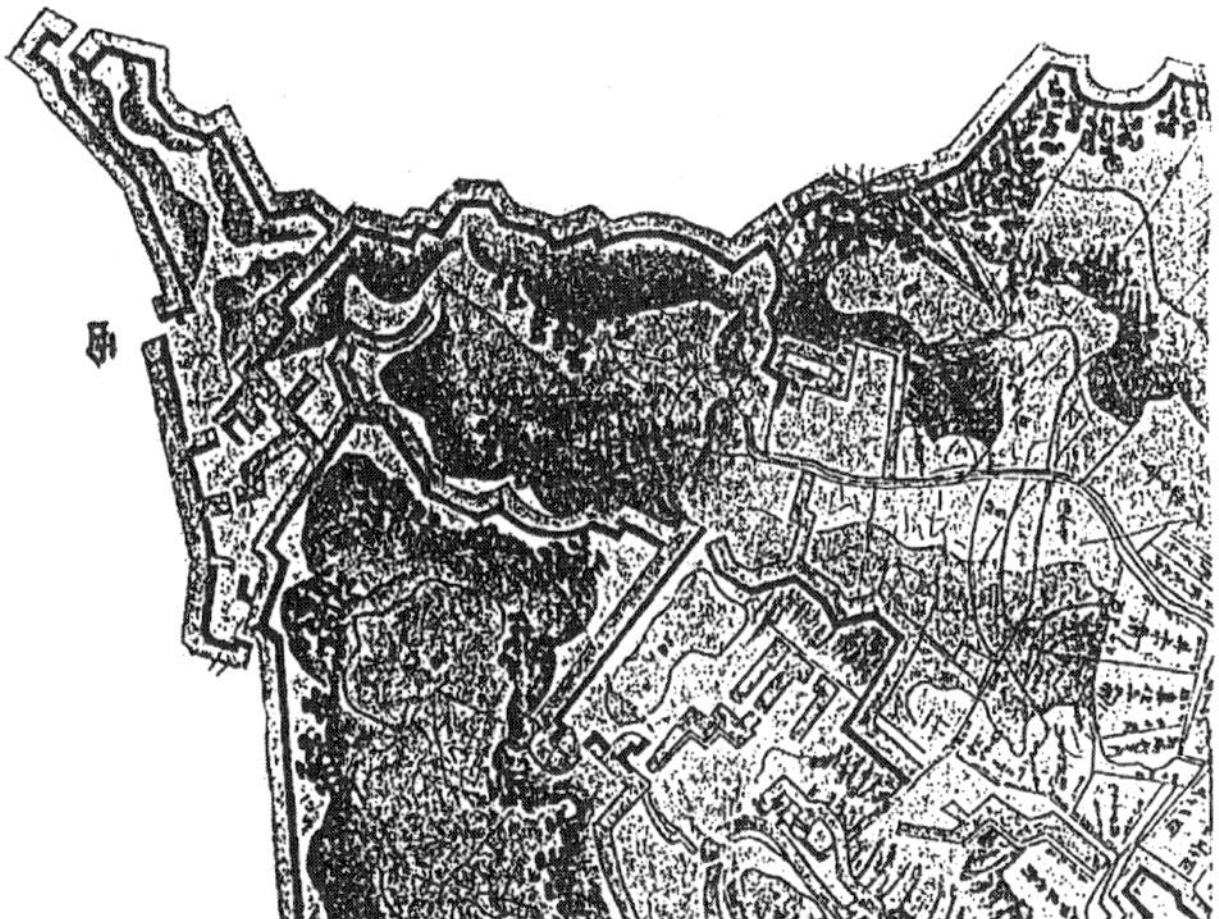

万治三年図

兵法書からみた小田原城について

孫子の書は、戦法理念を述べた、いわば非常時外交の哲学であるが、理想は戦わずして敵に勝つということが最高の戦法哲学であった。わが国においても「日本書紀」の中に、「神武天皇の神策」というものがあり、日神の意を背に血を見ることなく敵に勝つ、ということが最高目的で、日本的にいう「事向けやわす」というであり、また「神武不殺」ともいっている日本の政治思想は、この武徳思想である。

小田原北条氏は、この中国、日本の根本理念をふまえ、この技術を応用し、「総構え」「総曲輪」または「大外郭」と呼ばれる一大城郭を作ることを実践したもので、思想的には次に述べている「北条流軍学基本戦略十五法」であり、これを実行したものに「大土塁」「外張」等々によって、城を堅固に作り、敵の攻撃を諦めさせるという思想に基づいている。これを成し遂げた者は、早雲以来の五代当主であり、またこれを援助した諸将で、これらの言動を実行せるものを「軍配兵法」と称し、これを学問体系にした人が、北条流兵学の祖、北条氏長である。然しながら、この軍学は、後に幕府の「御留流」となったために、一般的にはこの真髄は伝わらなくなり、殊に実戦的にもっとも必要とする土塁、堀については、後の兵学者達には秘伝口述ということで、内容は閉ざされている。わずかに香沼屋敷に山本左傳治北条流軍法として、語りつがれているのみである。

故に、軍学においては、甲州（武田流）、越後（謙信流）、北条流、長沼流、山鹿流等々あるが、これ以後の軍学には北条氏の実践した兵学は伝わっていないのである。

山本左傳治記す北条流軍学は、兵法「師鑑抄全二三巻」で、小幡勘兵衛景憲の教えに従って著わした「兵法雄鑑五四巻」は、内容を異にするものである。この中には、「師鑑抄」は入っていない。小幡勘兵衛景憲の兵法、即ち甲州流兵法を体系化したもので、何処までも早雲公以来の北条流軍学と異にするものである。この中には、「師鑑抄」は入っていない。小幡勘兵衛景憲の兵法、即ち甲州流兵法を体系化したもので、何処までも早雲公以来の北条流軍学と異にするものである。

よって軍法学としては、進歩を遂げたものではあるが、北条氏の軍学を学ぶ上には不便である。

北条氏長の兵法は、「士鑑用法」における方円神心をもってその本領とした。他事ながら、後世小田原に生まれた日本の偉人たる二宮尊徳の「方円分度規矩」の学問が、この教えに非常に接近していることは、瞠目に価いするものである。

然して、明との活発な交易によって、彼の地の兵法書を多数求めている。故に、小田原北条氏の軍学は、中国系の軍学を主体とするものであるから、その持城も中国化した城郭を作るのが当然である。

「北条流軍学基本戦略十五法」「柔剛破弱、盛衰虚実、功、過、調引、不意軽、重」。

これが中世の軍学に対する、どの流派を問わず基本の持ち方である。

楠正成の「桜井兵法書」に依ると、「築城も大型塀一間に五人宛無くばならぬもの成り」と書いてある。この人数積りは、およそ兵家の信じる処であり、これを小田原城に当てて見ると、小田原城は「四里四方」或は「五里四方」と謂われているから、仮にその一面の長さを一里とすると、その全部の全長四里になる。即ち、八、六四〇間で、これに内郭の総長さと合計すると、所要の人員四三、二〇〇人となる。集城兵員五万人として、その一割が病気または何らかの故障があるとすると、実に手一杯の状態である。

また、山本左傳治所持する「北条流軍学」等の文献によると、

一、城を守る面積に対する人数

両側の土居敷併せて十六間(八間ずつ)を除き、曲輪内の三分の一は空地とすること。

壘上一間に対し狭間一つ、これに三人の士兵を置く。

二、城内の面積

一人平均三坪。

築城も大型屏一間に五人宛無くばならぬものなり。

であるから方五里故に一〇、八〇〇間、依って五四、〇〇〇人を必要とする。（内郭を含まず）

三、城を取り巻く人数

屏一間に十五人宛の積りには無くは取巻く事せぬものなり。

故に籠城軍の三倍で、秀吉方は一六二、〇〇〇人を要することになる。

以上の諸例から謂っても、周囲五里の城でなくては、これだけの人員を収容出来るものではなく、また守れるものではない。

甲州流に、「大軍籠っても狭からず、小軍籠っても広からず」と謂う築城法があるとおり、二里何町かの小田原城では、これだけの人員を収容することは出来ないことが明白である。

さらに、一般的に述べる兵数とは、所謂雑兵も戦闘員としたものか、或は非戦闘員が包含されているのかを調べてみると、山鹿素行の「武教全書」に依れば、

五十騎一備の人数

一、侍大将	一人
一、五十騎の侍組頭	二人
一、騎馬	五十騎
一、足軽大将	二人
一、足軽警固	七十二人
一、長柄奉行	二人
一、長柄三十本	三十人
一、旗奉行	一人
一、旗馬印等かつぐ者	三十六人
一、貝太鼓役	二人
一、太鼓かつぐ者	二人
一、貝持	一人
総人数	二百十人

とあり、「大方此如なり、人数積り様と云ふは、其の国、其の大将の、家風により、かわりある可き事なれば其の積り定め難し」と、このように述べている。

然るに、戦国の戦さを知っている荻生徂徠などの兵法者は、山鹿素行は壘の上の兵法者で、「武教全書」は唯々表面立ったことばかり書いているから、その通り呑み込んでは大変な計算違いに成る、と述べている。

謙信流、五十騎一備えでは、総人数七百二十六人

水戸藩の兵法書に依れば、

一手 中山備前守	
一、與力	五十四騎
一、馬上主共	二十騎
一、鉄砲	三十
一、弓	二十
一、長柄	五十
一、足軽	百
其他、給人員	千五十人

である。

四、北条氏の戦力

相模	十九万石	伊豆	十万石
武蔵	八十万石	上総	三十八万石
阿波	九万石	上野	四十六万石
及び下総の大部分			三十一万石
常陸の西部			二十九万石
下野の五群			三十一万石
駿河の東方			二万石
通　計			二百八十五万石
その兵力			七万千余人

（「陸軍糧秣廠本部教典」による。）

豊臣秀吉相州小田原城攻めすでにかくの如し、秀吉城を囲む事百日余、その間戦い一度もなし。また頼むべき後詰加勢なし。城兵品品思慮すれども、糧食次第に乏しきに至る。（古老物語）東照公関八州を知り賜う時、秀吉侯北条氏の米穀拾万石を東照公に賜い、本多忠次をして諸役人ととどまりて借用せしむ。東照公は秀吉侯に従いて奥州に向い賜う。よって小田原城の兵糧がなお数カ月の籠城に耐えうると思われる。

北条流軍学
最初陣付の場にて一人前七合五勺の食を二合五勺食して残り五合を二つに分け、二合五勺は腰につけ、また二合五勺は小荷馬に付けるともなりとも、下部に持たするなりともして、城より一里ほど前にて、腰につきたるを食し、下部に持たせたるを己が腰につけ、陣屋に入りて夜の食とすべし、総じて陣中には不時の食とて二度の分を一度に炊くべしといえり。（日本兵食史）による。

窪田清音軍中兵糧見積
百人に一日　米五斗
千人にて　五石
十日に　五十石の積

御軍用記録
士大将一人　人数上下六十人（乗馬三匹夫馬人足）一人米一升と馬一匹に大豆二升粥の
実二升糖
三升可渡也

尾張藩徳川家報告出師国義
一人一日七合五勺　乗馬一匹一日大豆三升、夫馬一匹一日一升五合

兵法雄鑑五十二武功篇云

人数十人に付、一日に米壹斗、味噌弐升、塩壹合

五、まとめ

兵法について諸々記したが、小田原北条氏が用いた軍学についてまとめてみると、日本兵法は中国の「大公六韜」「黄石公三略記」「孫子兵法」等をもとに、吉備真備によって日本化し、「兵法秘術一巻書」は「張良一巻書」とか「義経虎巻」、あるいは「兵法四十二箇條」などと呼ばれ、中世に於いては「軍配兵法学」となるのである。

北条氏初代早雲が、常時兵法書として「太平記」と「吾妻鏡」を離さず持ち読んでいたと伝えられる。

殊に、文明二年（一七四〇）に出された「太平記評判私要理尽無極鈔」に、大塔宮護良親王と「一巻書」の関係が記されている。また、室町期には物語僧によって「太平記」が語られたことが、「親長郷記」や「蔭涼軒目録」等に見える。

さらに、吉備の僧侶伝に、「兵法四十二眼目五ケ大事」なる本があり、奥書年号に、第一文明元年八月常行在判。第二明応二年中秋、宗瑞（花押）とあり、三十五箇条その他混入文があり、文明元年（一四六九）八月常行在判本を、明応二年（一四九三）中秋に宗瑞とある。

即ち、北条氏初代早雲公が受け継いだことになる。

後に天台密教より次第に真言密教に伝来していくのである。

古来、日本に於いては、仏法は軍法のもととされ、「圧離穢土」。「欣求浄土」の語を、出陣、元日、節日、に口ずさんだと謂われている。

北条家に於いても、これを行ったと伝えられ、北条家は本来「黄梅北条家」と呼ばれていた。「黄梅」とは仏法を究めたものを謂うものであり、早雲は仏教に造詣が深かったことが証明される。

そして、徳川家康が、これを旗印としたとされるのは当然のことであろう。各部将は、自己の兵法の真髄を旗印として世間に示した。例えば、武田氏の「風林火山」上杉氏の「毘沙門」北条氏の「禄壽応穏」等が有名である。

また、「義経軍法之百首」や「源判官義経公軍歌集」等の名称のものがあるが、これは「義経虎巻」と云う軍法書の中にあるもので、「山本左傳治」曰く、「二代氏綱公この書を手にするや武人のこれにすぎるものなし」といたく喜び、これを記念し、北条氏の印章をこの時から「虎」の印としたと、「香沼屋敷」では伝えている。

この本の奥書に
千時天正八年五月十六日

織田弾正忠信長在判

とあり、織田信長公の伝本のようになっているが、江戸中期の軍学者高畠信定は、

右書物北条殿より織田信長公之進上、其後安土洛去之時乱妨に取、秀吉公へ進上申也。

其写本信長公御在判　とある。

然し乍ら、山鹿高幸筆写の「山口正友伝」に、「義経衣川百首」の奥書「天保十二年（一八四一）」に依れば、「北条家の重宝」であった同書が、天正十八年（一五九〇）豊臣秀吉の小田原征伐の際、秀吉の手に移ったとされている。

以上の如く、北条家の兵法は、「軍配流兵法学」また「義経虎巻」で、これを基本として五代氏直に到るまで築城、軍陣の用に役立てたものであり、これを末孫山本左傳治が時代の変化に従って、北条氏長と共に研究し、後の兵法「師鑑抄」の元本を作り、また、島原の乱に於いて戦功を立てて、幕府より二度に亘り感状を賜ったのである。

氏長が北条流軍学を創立し、幕府御用軍学の師となったのである。

以上は、先に記した如く、大類、樋口両先生を中心とした勉強会の時に、樋口先生が述べられた内容を難波明氏が筆記したもので、樋口先生もまた、山本左傳治兵法学に興味を持たれ、研究している「軍学」の参考にしたいと述べていた。

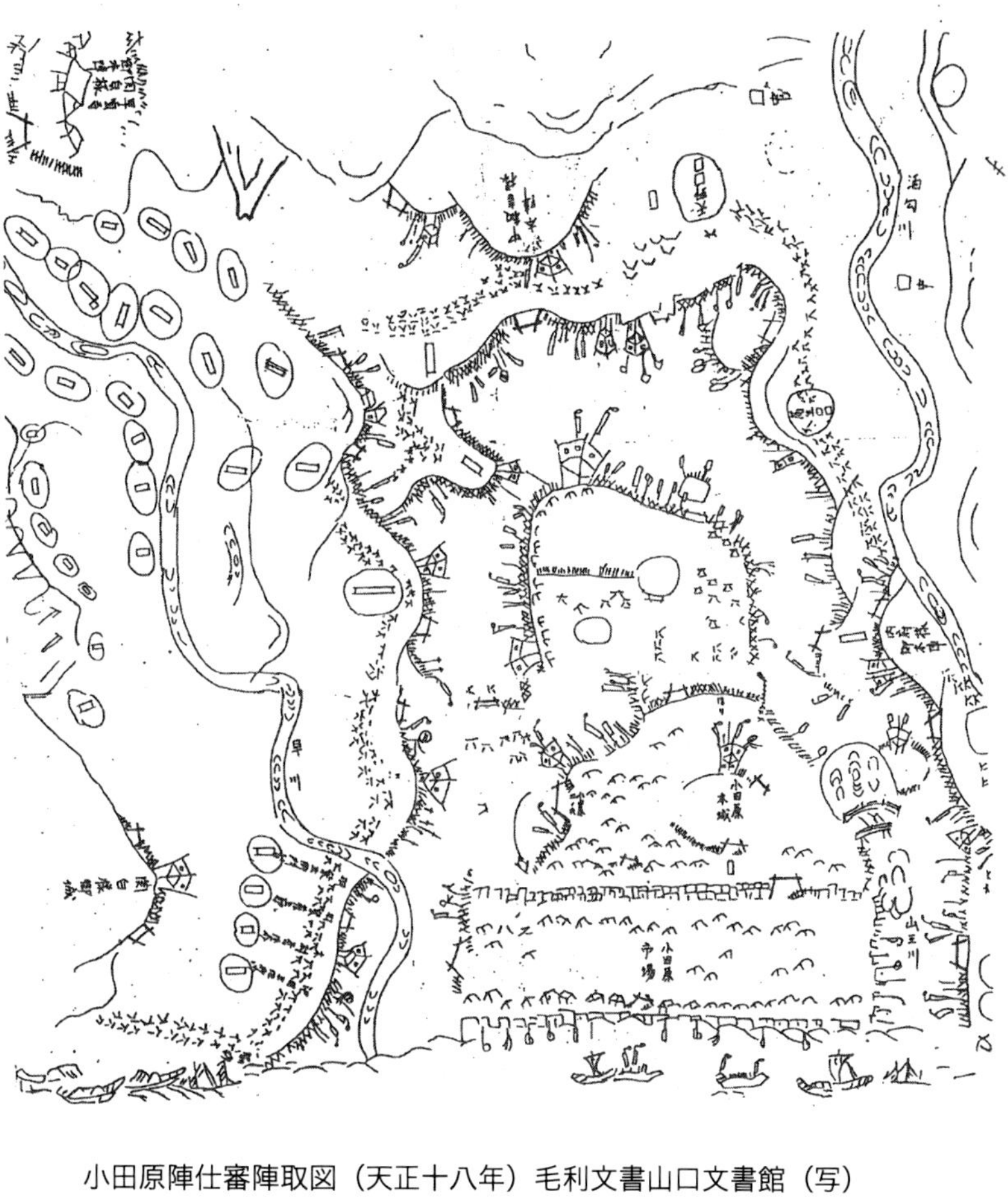

小田原陣仕審陣取図（天正十八年）毛利文書山口文書館（写）

あとがき

北条氏の小田原城について、古文書等の諸資料をはじめ、聞き取り等を行うと共に、実地踏査し、各視点から調査をしてみた。その間約三十年余の歳月を要したが、その結果、旧来の小田原北条氏の城郭研究について発表されている内容に、非常な矛盾があることが鮮明になった。

また、小田原市長山橋敬一郎氏は、こよなく小田原を愛し、小田原合戦四百年「ときめき小田原夢まつり」と銘打ち、郷土小田原の歴史を尊重し、遺跡の再開発保存等に努めて市民を啓蒙したが、意図する内容の疎通が十分でなかった面もあり、期待した成果を得られなかったのではないかと察したのである。

依って本会は、市長の意ある所を汲んで、この期に本研究書を作成し、市民に示して真の「小田原城」を再認識して頂くため、これを発表することにしたものである。

以　上

神奈川古城研究会

代表　難波　明

藁科　東

太田　正太郎

草柳　卓二

安藤　洋一

杉本　茂雄

長谷川　弘

湯川　孝作

関　恒久

普川　清澄

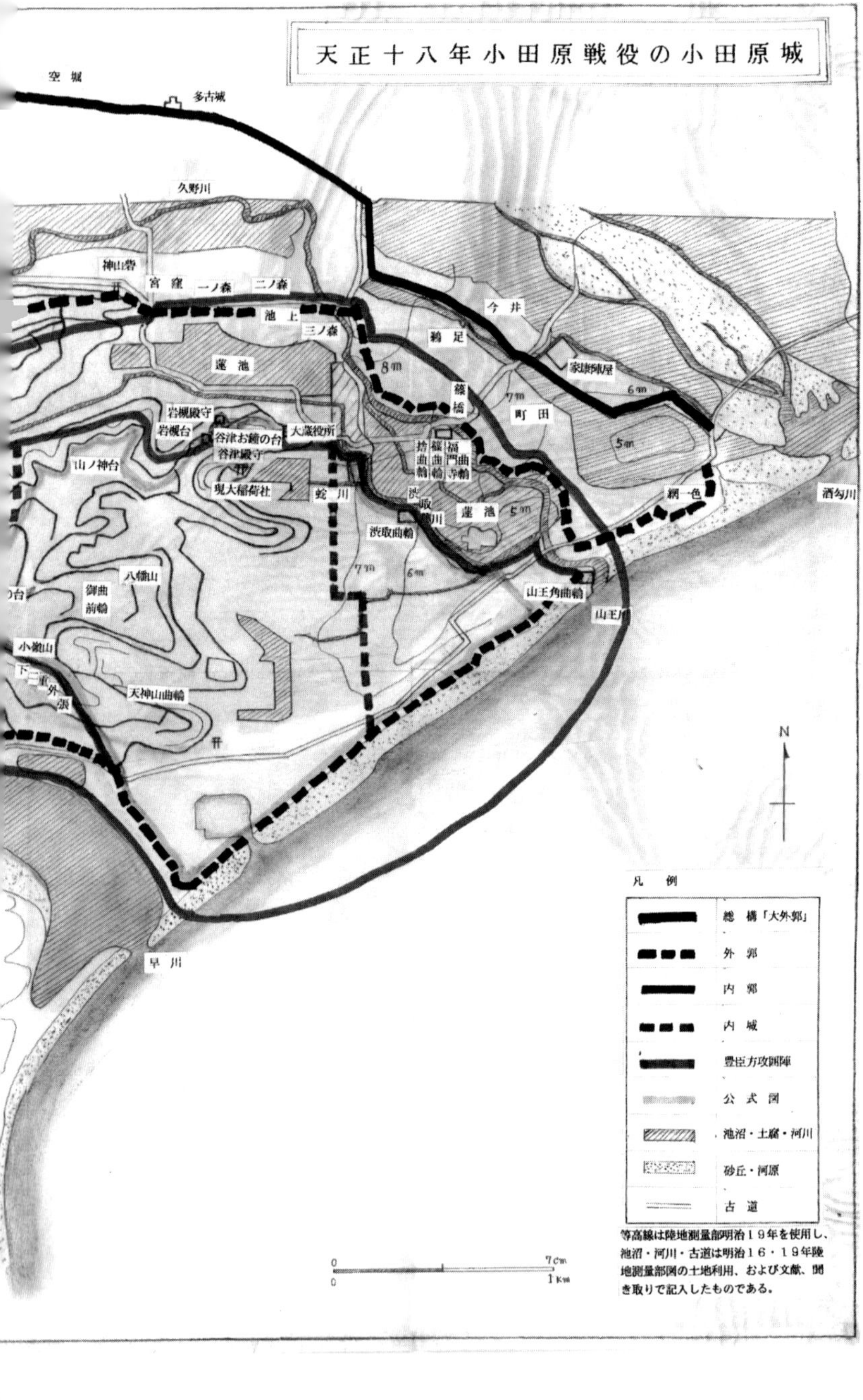

天正十八年小田原戦役の小田原城

等高線は陸地測量部明治19年を使用し、池沼・河川・古道は明治16・19年陸地測量部図の土地利用、および文献、聞き取りで記入したものである。

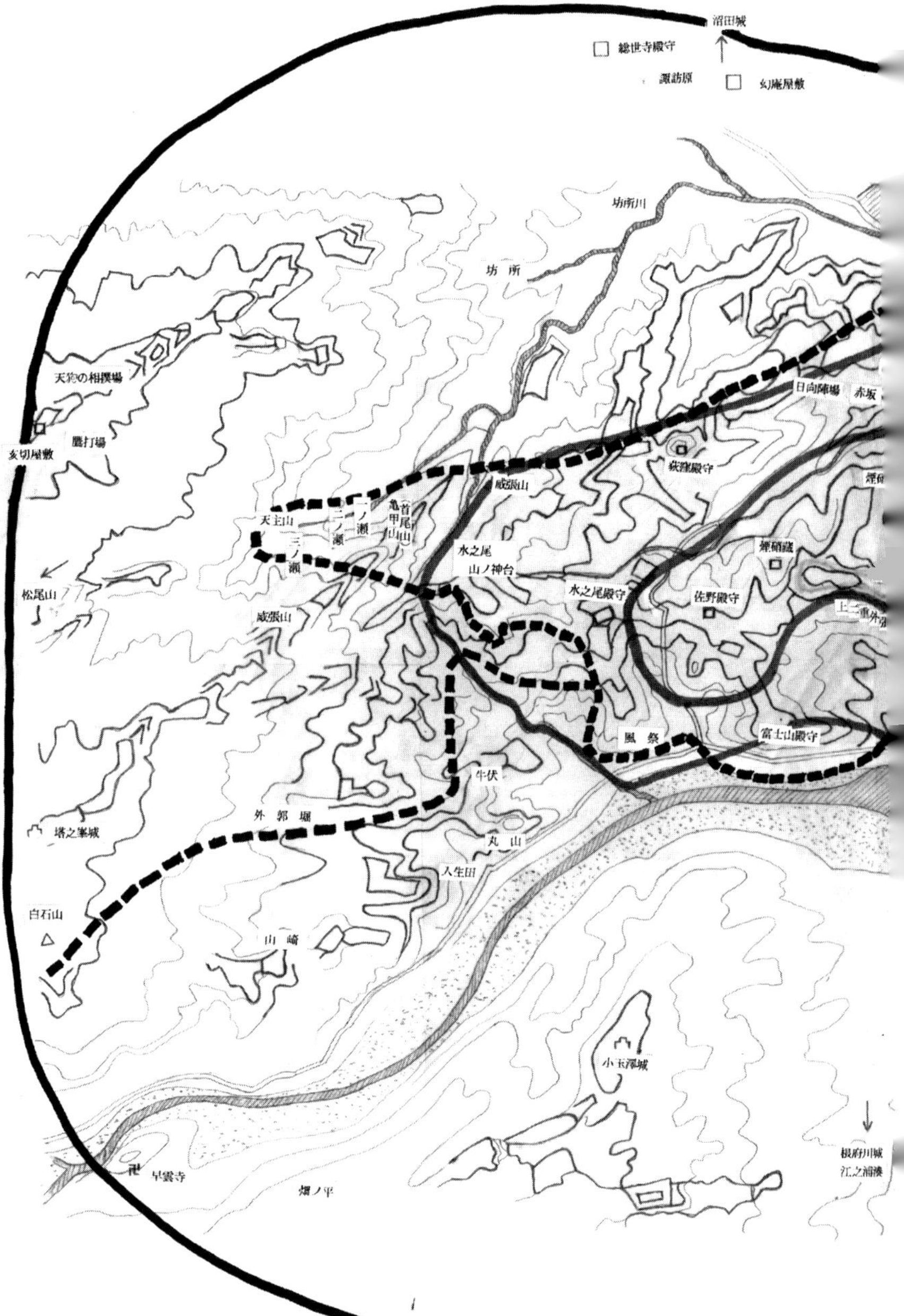

沼田城
總世寺殿守
諏訪原
幻庵屋敷
坊所川
坊所
天狗の相撲場
亥切屋敷
鷹打場
日向陣場
赤坂
荻窪殿守
威張山
天主山
三ノ瀬
二ノ瀬
一ノ瀬
亀甲山
（首尾山）
水之尾
山ノ神台
水之尾殿守
煙硝蔵
佐野殿守
松尾山
威張山
風祭
富士山殿守
牛伏
外郭堀
塔之峯城
丸山
入生田
白石山
山崎
小玉澤城
根府川城
江之浦湊
早雲寺
畑ノ平

天正十八年小田原戦役の小田原城

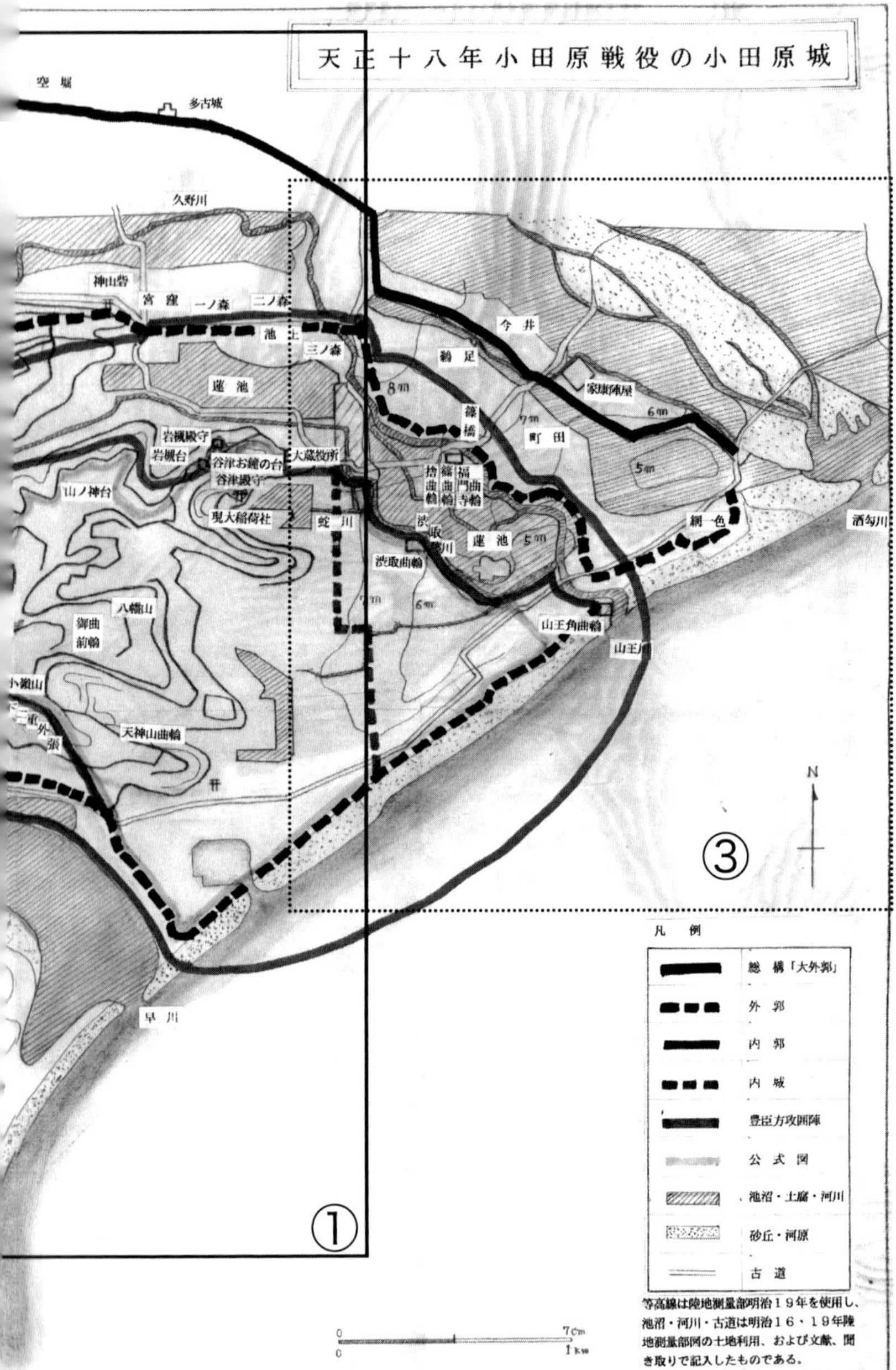

凡例

(太実線)	総構「大外郭」
(太破線)	外郭
(実線)	内郭
(破線)	内城
(実線)	豊臣方攻囲陣
(灰線)	公式図
(斜線)	池沼・土塁・河川
(点描)	砂丘・河原
(二重線)	古道

等高線は陸地測量部明治１９年を使用し、池沼・河川・古道は明治１６・１９年陸地測量部図の土地利用、および文献、聞き取りで記入したものである。

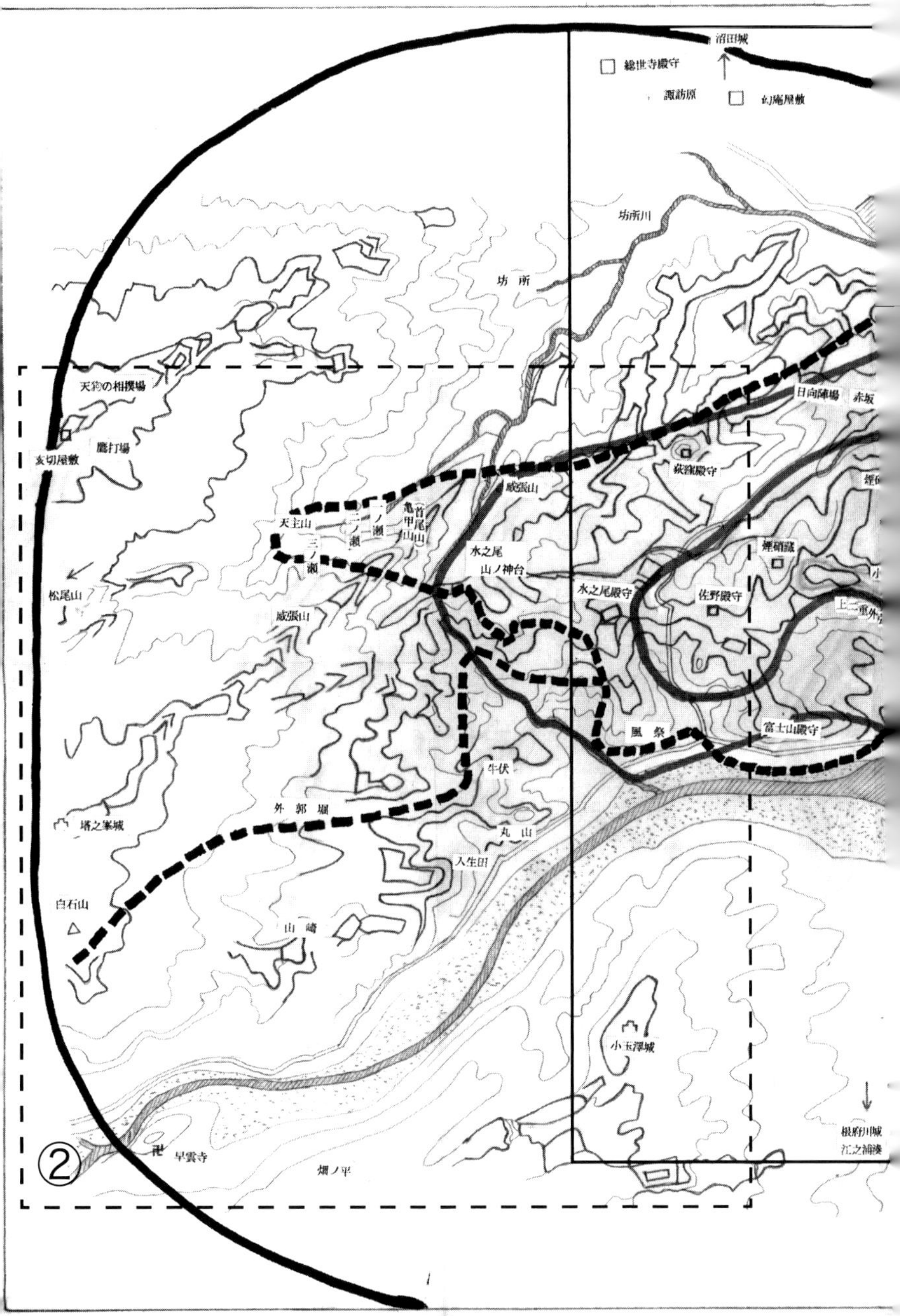

沼田城
総世寺殿守
諏訪原
幻庵屋敷
坊所川
坊所
天狗の相撲場
鷹打場
亥切屋敷
天主山
二ノ瀬
一ノ瀬
三ノ瀬
亀甲山
(首尾山)
威張山
水之尾
山ノ神台
日向陣場
赤坂
荻窪殿守
煙硝蔵
佐野殿守
水之尾殿守
松尾山
威張山
風祭
富士山殿守
牛伏
外郭堀
丸山
入生田
塔之峯城
白石山
山崎
小玉澤城
根府川城
江之浦湊
早雲寺
畑ノ平
②

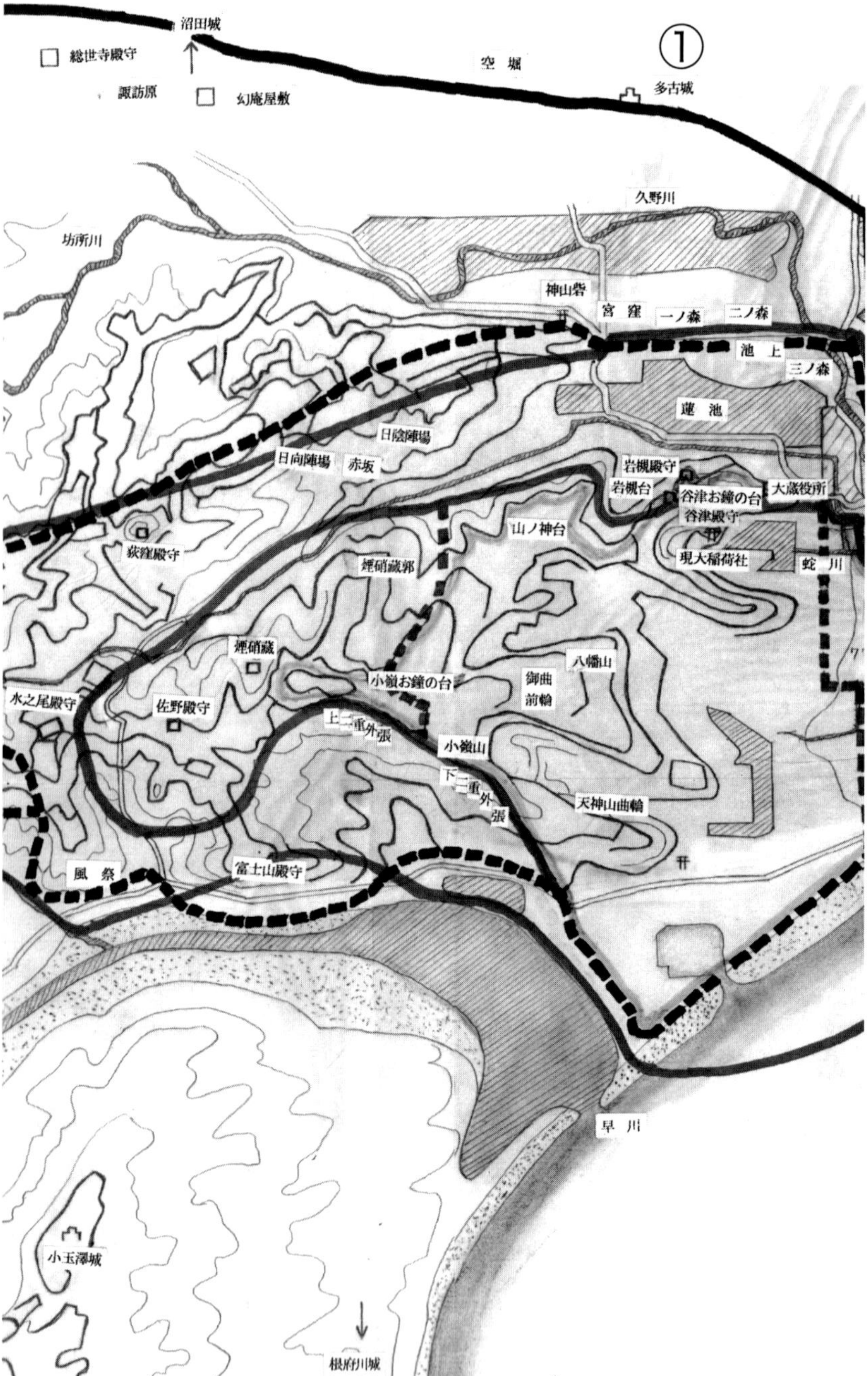
沼田城
①
総世寺殿守
空　堀
諏訪原
幻庵屋敷
多古城
久野川
坊所川
神山砦
宮　窪
一ノ森
二ノ森
池　上
三ノ森
蓮　池
日陰陣場
日向陣場
赤坂
岩槻殿守
岩槻台
谷津お鐘の台
大蔵役所
谷津殿守
山ノ神台
荻窪殿守
煙硝蔵郭
現大稲荷社
蛇　川
煙硝蔵
八幡山
小嶺お鐘の台
御曲
前輪
水之尾殿守
佐野殿守
上二重外張
小嶺山
下二重外張
天神山曲輪
風　祭
富士山殿守
早　川
小玉澤城
根府川城
江之浦湊

②

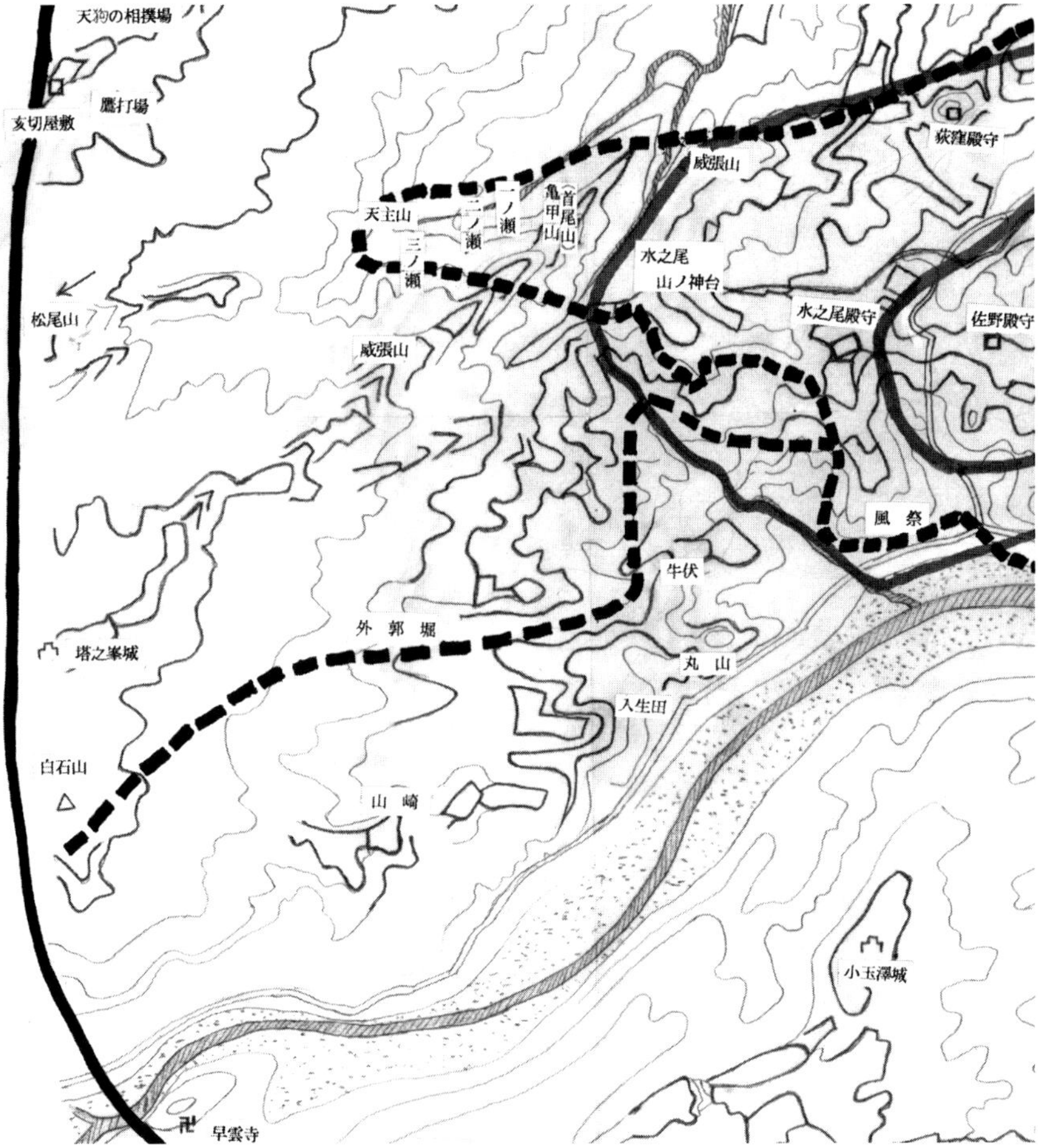
天狗の相撲場
鷹打場
亥切屋敷
天主山
二ノ瀬
一ノ瀬
亀甲山（首尾山）
三ノ瀬
威張山
荻窪殿守
水之尾
山ノ神台
水之尾殿守
佐野殿守
松尾山
威張山
風祭
牛伏
外郭堀
塔之峯城
丸山
入生田
白石山
山崎
小玉澤城
早雲寺

③

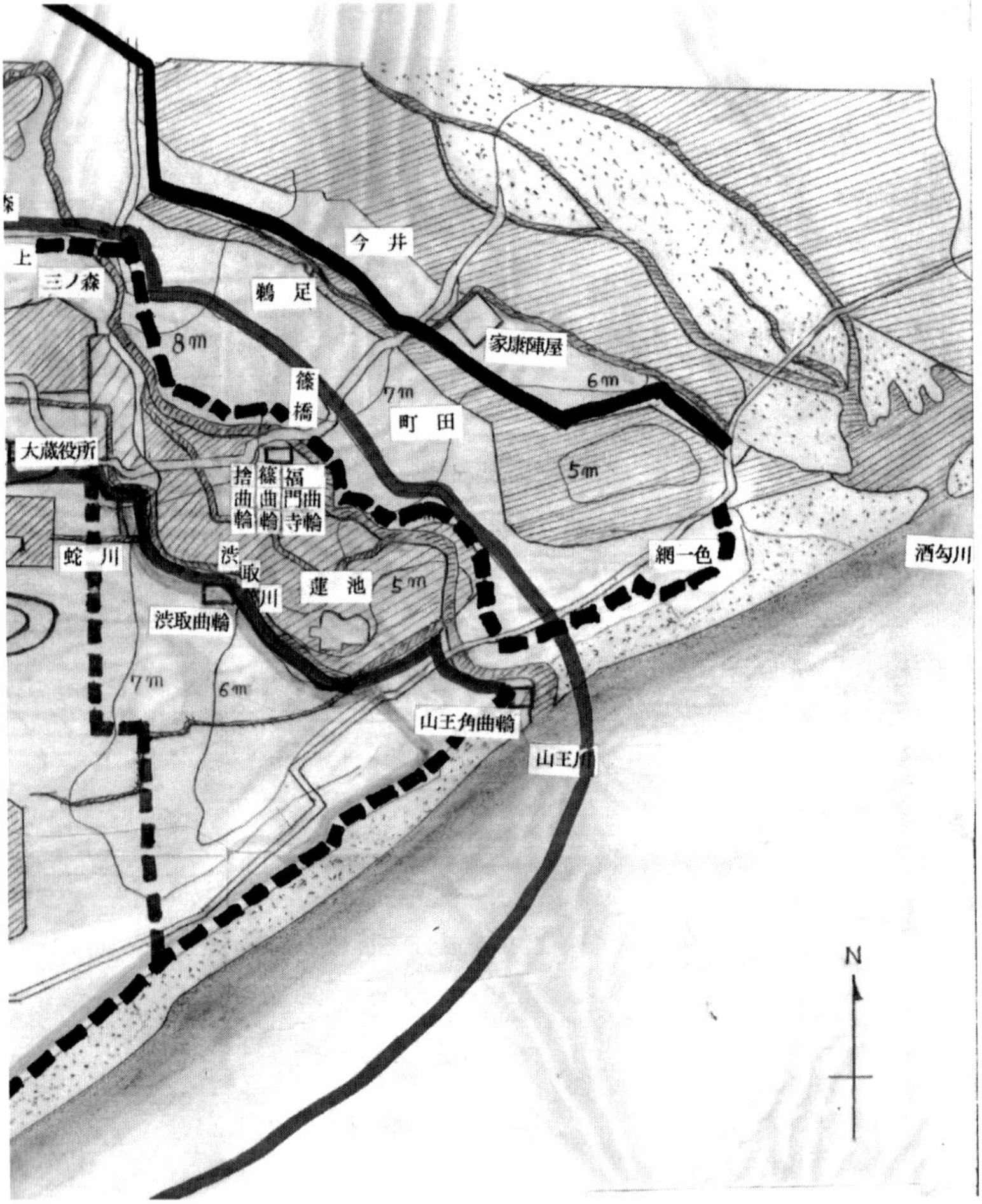
上
三ノ森
鵜足
今井
家康陣屋
8m
篠橋
7m
町田
6m
5m
大蔵役所
捨曲輪
篠曲輪
福門寺曲輪
網一色
酒匂川
蛇川
渋取川
蓮池
5m
渋取曲輪
7m
6m
山王角曲輪
山王川
N

著者／小田　淳（おだ・じゅん）
本名　杉本茂雄
昭和５年神奈川県生
日本文芸家協会会員
日本ペンクラブ名誉会員
大衆文学研究会会員
第２回電電時代賞受賞（丹羽文雄氏選）
主な著作に『岩魚』『山女魚』『名竿』『カーンバックサーモン』『鮎師』『鮎』『岩魚の渓谷』『江戸釣術秘傳』『釣具考古・歴史図譜』『妖し釣』『心に残る風景 作品年譜』『茫々莫々の日々』『愛猫・愛犬追懐と箱根山寸描』『清流』等、多数

相模武士秘録
―頼朝旗揚げから後北条落日まで― 改訂版
付録 早雲・氏綱が用いた軍配流兵法による
小田原北条氏城郭顕正

発行 二〇二三年四月一日 初版第1刷

著 者 小田 淳

発行人 佐藤由美子
発行元 株式会社 叢文社
〒112―0014
東京都文京区関口一―四七―一二江戸川橋ビル
電 話 〇三（三五一三）五二八五
FAX 〇三（三五一三）五二八六

定価はカバーに表示してあります。
乱丁・落丁についてはお取り替えいたします。

ISBN978-4-7947-0846-5